リーガル・マインドが身につく 法学・憲法 入門

松村 享
Susumu
Matsumura

Introduction to law
and Constitution
to Acquire
a Legal Mind

ナカニシヤ出版

は じ め に

　本書は，法学と憲法の基礎を学ぶための書籍です。大学でこれから法律を学ぼうとする人を主な対象に，法律を学ぶ意義，法とは何か，あるいは法律の役割，さらに法律を学ぶために最低限必要な用語等を解説しました。また，憲法についても，本格的に憲法を学ぶ前の入門として憲法の概略を解説しています。

　大学で最初に法律を学ぶ場合，当然，講義の内容も高度なものではなく，初学者向けに比較的容易なものになっているはずです。しかし，そのような講義でも，十分に理解できないことがあります。その理由の一つとして，法律の基本的な知識が十分でない点を挙げることができます。

　たとえば，基本的な法律用語の意味が分からないとか，法律の解釈はどのように行うのかなど，法律に関する基本的な知識が十分でないため，講義が理解できない場合も多いのではないでしょうか。

　大学の法学部では，最初に，憲法，刑法，民法を学ぶことが多いと思います。もちろん憲法や個別の法律を学ぶこともとても重要ですが，そのような具体的な法律等を学ぶためには，法律に関する基本的な考え方や仕組みなどを理解することが必要不可欠です。法律に関する基本的な知識がないまま，個別の法律等を学んでも，本当の意味で法律を理解することはできません。法律に関する基本的な知識を身につけることによって，個別の法律の理解が進むのです。

　本書の第1部では，「法学の基礎を学ぶ」として，法律に関する基本的な知識を身につけていただくために解説を行いました。

　また，本書の第2部では，憲法を取り上げて解説をしています。憲法は，わが国の最高規範であり，最も基本となる規範だといえます。様々な法律を学ぶためには，法学の基礎的な知識を身につけることも重要ですが，憲法を理解することも法律の理解に非常に役に立つのです。

【本書の構成】

　第1部「法学の基礎を学ぶ」では，様々な法律を学ぶ上で基本となる法律に共通する基本的な知識の習得を図ります。

まず，第1章では，法律を学ぶことがどのように役に立つのかという点から法律を学ぶ意義を理解してもらいたいと思います。

　第2章では，少し哲学的ですが，そもそも法とは何かということから始めて，法を守る理由や法を守らなければならない理由，さらに法の機能などを学びます。

　第3章では，私法や公法等各分野の法律が実際にどのように適用されるかということについて，具体的な事例を通じて学びます。

　第4章では，法律や条例がどのように制定されるのかについて，国会や地方公共団体における手続を概観します。

　第5章では，法律やそれを構成している条文の基本的な構造を学びます。

　第6章は，法律を学ぶ上で最も大きな意義を持つリーガル・マインドを取り上げて解説します。本章は，本書の最も重要な章だということができます。

　第7章では，ここまでの法律に関する知識を踏まえて，法の解釈と法の適用について理解を深めます。

　第8章では，法律において独特な意味を持つ法令用語を取り上げて解説します。

　第1部の最後第9章では，ここまで学んだ法律が実際に適用される訴訟の手続を学びます。

　第2部では，憲法を取り上げます。憲法は，国家の統治権や統治作用に関する根本的な原則を定める基礎法です。そのため，様々な法律を学ぶ前提として，基本的な理解をしておく必要があります。

　初学者の人たちにとって，法律を学ぶことはとても難しく，その理解に向けた道のりは，はるか遠くに思われるかもしれません。その道のりを近づけるために，本書では，できる限り身近な事例を取り上げ，簡易な言葉で解説を心掛けました。

　これから様々な法律を学ぼうとする皆さんにとって，本書がその一助になることを希望しています。

　本書の出版に当たって，ナカニシヤ出版編集部長の米谷龍幸さん，第二編集部の石崎雄高さんには格別のご助力をいただきました。厚く御礼を申し上げます。

目　　次

> ### 第 1 部　法学の基礎を学ぶ

第 1 章　法律を学ぶ意義 ⋯⋯⋯⋯⋯⋯⋯⋯⋯⋯⋯⋯⋯⋯⋯⋯3
──法律を学ぶことは役に立つ？──

第 2 章　法の概念について学ぶ ⋯⋯⋯⋯⋯⋯⋯⋯⋯⋯⋯21

1　法とは ⋯⋯⋯⋯⋯⋯⋯⋯⋯⋯⋯⋯⋯⋯⋯⋯⋯⋯⋯⋯⋯21

2　法の存在形式（法源）⋯⋯⋯⋯⋯⋯⋯⋯⋯⋯⋯⋯⋯⋯27

3　成文法の分類 ⋯⋯⋯⋯⋯⋯⋯⋯⋯⋯⋯⋯⋯⋯⋯⋯⋯⋯34

第 2 部　憲法の基礎を学ぶ

第 10 章　憲法総論 ……………………………………………………145

*

第 1 部

法学の基礎を学ぶ

法律を学ぶ意義

法律を学ぶことは役に立つ？

まず最初に法律を学ぶことの意義から考えてみましょう。

私は，大学卒業後，地方自治体（四日市市）に就職し，33 年間勤務し，現在の大学に移りました。その経験を踏まえていうならば，「法律は役に立つ。大学で法律を学んでよかった。」といえます。わが国の様々な制度は，法律において定められています。そのため，法律を学ぶことによって，社会の様々な制度に適切に対応できるとともに，場合によっては制度を自分に有利な方向で活用できる可能性もあるのです。それ以外にも法律を学ぶことによって，論理的思考を身につけることができるなど様々な効果があります。

(1) 論理的思考力が身につく

法律を学ぶと論理的思考力が身につきます。法的な思考は，「法的三段論法」という論理的な考え方に基づいて行われるからです。法的三段論法を学ぶことで，皆さんの周りの様々なことについて，論理的に考えることができるのです。

法的三段論法とは，①大前提（条文等），②小前提（事実），③あてはめ，という流れで理論を展開していくことです。もう少し分かりやすく説明すると①大前提では，その問題や課題に関するルールはどうなっているかということを考えます。小前提（事実）では，対象となる事実を確定します。そして，最後の当てはめですが，条文等は基本的に抽象的に規定されているため，一定の法解釈を経て，当該事実がその規定に当てはまるか等を考察します。

刑法の傷害罪について考えてみましょう。刑法 204 条では「人の身体を傷害した者は，十五年以下の懲役又は五十万円以下の罰金に処する」と規定されており，これが大前提となります。これに関して，たとえば，騒音を出し続けた人がいて，それによって近隣住民が睡眠障害になったとします。これが小前提としての事実

です。最後にこの事実を大前提に当てはめるわけです。そこで重要な点として，刑法204条に規定する「傷害」とは，どのようなものかを解釈する必要があります。そして，その解釈を踏まえて，睡眠障害が「傷害」に当たるかを判断します。つまり，法的三段論法は，①大前提（条文等），②小前提（事実），③あてはめ，そして法解釈を踏まえて結論を導き出すことになります。法的三段論法自体非常に論理的な思考方法なのですが，さらに法解釈に関しても論理的整合性が必要になります。

　法的三段論法あるいは法解釈の方法を学ぶことによって論理的な思考方法が身につくため，皆さんの日常生活で起こる様々な問題や課題を論理的に順序だてて考え，結論を導き出せるようになります。このような論理的な思考方法は，リーガルマインドといわれることもあります。なお，この法的三段論法やリーガルマインドについては，後で詳しく学びます。

　法律の条文自体も，「なぜこのような法律があるのか？」という本質論まで遡れば，多くの法律は一定の価値観で作られていることが見えてきます。このような検討方法は，法律の世界だけでなく，社会の様々な場面で活用することができます。社会に存在する様々な制度は，当然，何らかの理由があって設けられています。なぜその制度があるのかという本質論に遡って考察することによって，その制度が求めている趣旨に従い適切に対応することができます。

　このような論理的な思考は，社会生活の様々な場面で大きな武器となります。

(2) 自分の身を守る

　法律を学ぶ意義の2点目として，法的な知識によって自分の身を守ることができるという点を挙げることができます。いくつかの例を見てみましょう。

①未成年と成年　人は，満18歳をもって成年とされ（民法4条），17歳までの人を未成年者といいます。未成年者は，制限行為能力者とされ，保護者などの法定代理人の同意を得ずにした契約は，未成年者自身又は法定代理人が取り消すことができます（民法5条）。これは，判断能力が十分でない未成年者を保護するための制度です。民法では，未成年者以外にも，制限行為能力者として，成年被後見人，被保佐人，被補助人が規定されており，制限行為能力者の行った行為は，本人を保護するために，保護者によって取り消すことができるなどとされています。詳細な要件は，民法総則で学ぶことになります。

私たちが契約等によって権利を取得したり，義務を負ったりするためには，自己の正当な判断によらなければならないという考え方があります。この考え方は，近代民法の基本原理の一つである「私的自治の原則」といわれます。制限行為能力者の制度も，この私的自治の原則に基づくものとされています。

●近代民法の基本原理

①権利能力平等の原則

　権利能力平等の原則とは，すべての人が国籍，職業，年齢，性別などによって差別されず，等しく権利義務の主体となることができるという原則です。すべての人が差別されないという平等の概念は，今や当たり前のことですが，かつては女性の権利能力が認められないなど不平等な扱いがなされていたこともありました。

②所有権絶対の原則

　所有権絶対の原則とは，個人の所有権は絶対的に保障され，たとえ国家であっても制限することは許されないとする原則です。この原則は，「所有者はその所有物を自由に使用，収益，処分することができる」という意味と，「所有者はその所有物に対する第三者の侵害を排除する」という意味とを併せ持っています。

　この原則は封建的権利関係を近代的なものにするために特に強調されたという歴史的意義がありました。しかし，現代では日本国憲法 29 条 3 項で「私有財産は，正当な補償の下に，これを公共のために用ひることができる」と規定し，私有財産であっても絶対的に保障されるのではなく，正当な補償があれば，公共の福祉のために私権を制限したり奪ったりすることができることとされています。さらに，その制限が特定の者のみに対するものではなく広く住民一般に及ぶものである場合には，補償も必要でないと解されています。

③私的自治の原則

　私的自治の原則とは，個人は他人から干渉されずに自己の意思で様々な法律関係を決定することができるとする原則です。私的自治の原則は，契約関係においては「契約自由の原則」として表れます。契約自由の原則は，私人の契約による法律関係については私人自らの自由な意思に任されるべきであって，国家はこれに干渉すべきではないとするものです。

制限行為能力者が締結した契約が，保護者によって取り消されると契約は初めから無効であったことになり（民法121条），お互いに原状回復（元の状態に戻す）の義務を負います。たとえば家電量販店でパソコンを購入した購入者が取消をした場合であれば，販売業者は受け取った代金を返還し，購入者は，商品を返還しなければなりません。購入した物がプリンターのインクカートリッジで，すでに使用していた場合には，それを返すことはできないため，代金相当額を返還しなければなりません（民法703条）。ただし，未成年者が取り消した場合には，その返還義務の範囲が現存利益のみでよいとされています（民法121条の2）。つまり，商品を消費した場合には，残っている部分のみの返還となります。なお，生活必需品として消費した場合には，当然支出する費用だったので，その部分については現存利益として返還しなければなりません。

　成年年齢が18歳になったのは2022年4月からです。それまでの成年年齢は20歳でしたので，大学1年生の多くの人たちは未成年者として，法的に一定の保護を受けていました。しかし，今では大学生の皆さんは，そのような保護はなされないことになりました。契約を結んだ場合には，皆さんは確定的に法的な義務を負うことになりますので，自らの身を守るためにも法律を十分に理解しておく必要があります。

【民法】
　（成年）
第四条　年齢十八歳をもって，成年とする。
　（未成年者の法律行為）
第五条　未成年者が法律行為をするには，その法定代理人の同意を得なければならない。ただし，単に権利を得，又は義務を免れる法律行為については，この限りでない。
2　前項の規定に反する法律行為は，取り消すことができる。
3　（略）
　（取消しの効果）
第百二十一条　取り消された行為は，初めから無効であったものとみなす。
　（原状回復の義務）
第百二十一条の二　無効な行為に基づく債務の履行として給付を受けた者は，

> 相手方を原状に復させる義務を負う。
> 2 （略）
> 3 第一項の規定にかかわらず，行為の時に意思能力を有しなかった者は，
> その行為によって現に利益を受けている限度において，返還の義務を負う。
> 行為の時に制限行為能力者であった者についても，同様とする。

　成年年齢と同様に，国会議員等の選挙権も 18 歳から有することとされていま
す。ただし，お酒やたばこは，従来どおり 20 歳未満の人は禁止されています。
このように異なる扱いがされているのは，それぞれの制度趣旨が異なるためです。
　まず成年については，以下のように考えられています。
　近年，憲法改正国民投票の投票権年齢や，公職選挙法の選挙権年齢などが 18
歳以上と定められ，国政上の重要な事項の判断に関して，18 歳，19 歳の方を大
人として扱うという政策が進められてきました。こうした政策を踏まえ，市民生
活に関する基本法である民法においても，18 歳以上の人を大人として取り扱う
のが適当ではないかという議論がされるようになりました。世界的にも，成年年
齢を 18 歳とするのが主流です。成年年齢を 18 歳に引き下げることは，18 歳，19
歳の若者の自己決定権を尊重するものであり，その積極的な社会参加を促すこと
になると考えられます。
　一方，飲酒年齢については，二十歳未満ノ者ノ飲酒ノ禁止ニ関スル法律におい
て，「二十歳未満ノ者ハ酒類ヲ飲用スルコトヲ得ス」とされていますが，その理
由は次のように理解されています。つまり，20 歳未満の方は心身共に成長段階
にあり，飲酒によって脳細胞や臓器の機能が抑制されるなど体に悪い影響を受け
やすいからです。アルコールの分解にかかわる酵素を充分に分泌できないことも
考えられます。そのため，若年者ほど急性アルコール中毒やアルコール依存症に
なりやすいことも指摘されています。20 歳未満の人の飲酒が禁じられているの
は，本人を守るためなので，20 歳未満の人が飲酒をしても処罰はされることは
ありませんが，未成年者の親権者等が未成年者の飲酒を制止しない場合には科料
に処する旨が規定されています（同法 1 条 2 項，3 条 2 項）。
　法律を理解するに当たっては，このような制度趣旨を理解することも重要です。

【公職選挙法】

（選挙権）

第九条　日本国民で年齢満十八年以上の者は，衆議院議員及び参議院議員の選挙権を有する。

2　日本国民たる年齢満十八年以上の者で引き続き三箇月以上市町村の区域内に住所を有する者は，その属する地方公共団体の議会の議員及び長の選挙権を有する。

3　日本国民たる年齢満十八年以上の者でその属する市町村を包括する都道府県の区域内の一の市町村の区域内に引き続き三箇月以上住所を有していたことがあり，かつ，その後も引き続き当該都道府県の区域内に住所を有するものは，前項に規定する住所に関する要件にかかわらず，当該都道府県の議会の議員及び長の選挙権を有する。

4〜5　（略）

【二十歳未満ノ者ノ飲酒ノ禁止ニ関スル法律】

第一条　二十歳未満ノ者ハ酒類ヲ飲用スルコトヲ得ス

②　未成年者ニ対シテ親権ヲ行フ者若ハ親権者ニ代リテ之ヲ監督スル者未成年者ノ飲酒ヲ知リタルトキハ之ヲ制止スヘシ

③　営業者ニシテ其ノ業態上酒類ヲ販売又ハ供与スル者ハ二十歳未満ノ者ノ飲用ニ供スルコトヲ知リテ酒類ヲ販売又ハ供与スルコトヲ得ス

④　（略）

第二条　二十歳未満ノ者カ其ノ飲用ニ供スル目的ヲ以テ所有又ハ所持スル酒類及其ノ器具ハ行政ノ処分ヲ以テ之ヲ没収シ又ハ廃棄其ノ他ノ必要ナル処置ヲ為サシムルコトヲ得

第三条　第一条第三項ノ規定ニ違反シタル者ハ五十万円以下ノ罰金ニ処ス

②　第一条第二項ノ規定ニ違反シタル者ハ科料ニ処ス

第四条　（略）

②訪問販売，電話勧誘販売等

　クーリング・オフ　特定商取引に関する法律（一般的に「特定商取引法」といわれています。）は，消費者と事業者との間のトラブルを防止し，その救済を容易に

表1-1　クーリング・オフの対象となる契約

訪問販売	事業者が消費者の自宅等に訪問して，商品や権利の販売又は役務の提供を行う契約をする取引のことです。キャッチセールス，アポイントメントセールスを含みます。
電話勧誘販売	事業者が電話で勧誘を行い，申込みを受ける取引のことです。電話を一旦切った後，消費者が郵便や電話等によって申込みを行う場合にも該当します。
特定継続的役務提供	長期・継続的な役務の提供と，これに対する高額の対価を約する取引のことです。現在，エステティックサロン，語学教室など7つの役務が対象とされています。
訪問購入	事業者が消費者の自宅等を訪問して，物品の購入を行う取引のことです。
連鎖販売取引	個人を販売員として勧誘し，さらにその個人に次の販売員の勧誘をさせる形で，販売組織を連鎖的に拡大して行う商品（権利）・役務の取引のことです。
業務提供誘引販売取引	「仕事を提供するので収入が得られる」という口実で消費者を誘引し，仕事に必要であるとして，商品等を売って金銭負担を負わせる取引のことです。
通信販売	事業者が新聞，雑誌，インターネット等で広告し，郵便，電話等の通信手段により申込みを受ける取引のことです。「電話勧誘販売」に該当するものを除きます。

するなどのため，消費者による契約の解除（クーリング・オフ），取消しなどを認め，また，消費者保護の観点から，事業者による法外な損害賠償請求を制限するなどのルールを定めています。クーリング・オフとは，契約の申込み又は締結の後に，法律で決められた書面を受け取ってから一定の期間内に，無条件で解約することができる制度です。クーリング・オフの期間について，訪問販売・電話勧誘販売・特定継続的役務提供・訪問購入においては8日以内，連鎖販売取引・業務提供誘引販売取引においては20日以内とされています。なお，ネットショッピングなどの通信販売には，クーリング・オフ制度の適用はなく，次に説明するように特別なルールがあるため，注意が必要です（表1-1）。

訪問販売，電話勧誘販売等に関する行政規制　　特定商取引法は，前述のとおり，消費者による契約の解除（クーリング・オフ）を規定していますが，これは契約の私法上の効力に関する規定です。この法律は，これ以外に行政的な規制についても規定しており，事業者に対して，消費者への適正な情報提供等の観点から，各取引類型の特性に応じて，以下のような規制を行っています。

・**氏名等の明示の義務付け**
　事業者は，勧誘開始前に事業者名や勧誘目的であることなどを消費者に告げるように**義務付け**られています。

- ・不当な**勧誘行為の禁止**

  価格・支払条件等についての不実告知（虚偽の説明）又は故意に告知しないことを禁止したり，消費者を威迫して困惑させたりする勧誘行為は禁止されています。
- ・**広告規制**

  事業者が広告をする際には，重要事項を表示することが義務付けられ，また，虚偽・誇大な広告が禁止されています。
- ・**書面交付義務**

  契約締結時等に，重要事項を記載した書面を交付することが事業者に義務付けられています。

　これらの規制に違反した場合には，業務改善の指示や業務停止命令・業務禁止命令の行政処分の対象となるほか，懲役，罰金等の罰則の対象になる場合もあります。もし皆さんが，こういった規制に違反するような勧誘等を受けた場合には，所管省庁である消費者庁の相談窓口や消費者センター等に相談しましょう。

③**ネットショッピング**　　皆さんの中にもインターネットを通じて本や服等を購入したことがある人がいると思います。今やネットショッピングをしたことがない人の方が珍しいのかもしれません。

　ネットショッピングで，皆さんがパソコンやスマホの操作を誤って，意図しない申し込みをしてしまうということもありえると思います。たとえば商品を1個買うつもりだったが，11個と入力してしまったというような事例です。

　こういった場合，民法95条に基づいて，皆さんは事業者に対して，契約の無効を主張することができます。ただし，事業者は，「操作ミスに関して，消費者側に重大な過失があるので，契約は取り消せない」と，反論されてしまう可能性があります。

　そこで，電子消費者契約に関する民法の特例に関する法律では，民法よりも手厚く消費者を保護しています。具体的には，消費者が注文内容を最終的に確認できる画面を設けるようにするなど，操作ミスを防止するための措置を事業者側が講じていないときには，消費者が操作ミスで注文してしまった場合にも契約を無効にできる，としたのです。そのために，多くのネットショッピングのサイトで

は，注文内容の確認を求める表示がなされるのが一般的です。

　皆さんもその意味を十分に理解し，確実に確認を行う必要があります。

【民法】
　（錯誤）
第九十五条　意思表示は，次に掲げる錯誤に基づくものであって，その錯誤
　が法律行為の目的及び取引上の社会通念に照らして重要なものであるとき
　は，取り消すことができる。
　一　意思表示に対応する意思を欠く錯誤
　二　表意者が法律行為の基礎とした事情についてのその認識が真実に反す
　　る錯誤
2　前項第二号の規定による意思表示の取消しは，その事情が法律行為の基
　礎とされていることが表示されていたときに限り，することができる。
3　錯誤が表意者の重大な過失によるものであった場合には，次に掲げる場
　合を除き，第一項の規定による意思表示の取消しをすることができない。
　一　相手方が表意者に錯誤があることを知り，又は重大な過失によって知
　　らなかったとき。
　二　相手方が表意者と同一の錯誤に陥っていたとき。
4　第一項の規定による意思表示の取消しは，善意でかつ過失がない第三者
　に対抗することができない。

【電子消費者契約に関する民法の特例に関する法律】
　（電子消費者契約に関する民法の特例）
第三条　民法第九十五条第三項の規定は，消費者が行う電子消費者契約の申
　込み又はその承諾の意思表示について，その意思表示が同条第一項第一号
　に掲げる錯誤に基づくものであって，その錯誤が法律行為の目的及び取引
　上の社会通念に照らして重要なものであり，かつ，次のいずれかに該当す
　るときは，適用しない。ただし，当該電子消費者契約の相手方である事業
　者（その委託を受けた者を含む。以下同じ。）が，当該申込み又はその承
　諾の意思表示に際して，電磁的方法によりその映像面を介して，その消費
　者の申込み若しくはその承諾の意思表示を行う意思の有無について確認を

求める措置を講じた場合又はその消費者から当該事業者に対して当該措置を講ずる必要がない旨の意思の表明があった場合は，この限りでない。

一　消費者がその使用する電子計算機を用いて送信した時に当該事業者との間で電子消費者契約の申込み又はその承諾の意思表示を行う意思がなかったとき。

二　消費者がその使用する電子計算機を用いて送信した時に当該電子消費者契約の申込み又はその承諾の意思表示と異なる内容の意思表示を行う意思があったとき。

(3) 専門的な仕事をするための知識を学ぶ

　法律学を学んで，その知識を役立てるというと，弁護士，検察官，裁判官等のような法律の専門家になるということが，まずは思い浮かぶでしょう。「法律の専門家」という進路について，説明をしていきましょう。

①**法曹（裁判官，検察官，弁護士）**　　法曹とは，司法試験に合格することが必要な法律専門職，すなわち裁判官・検察官・弁護士を指します。いずれも，社会の中に生じる様々な紛争に対して法的な観点からの解決や判断を示すことを職務の内容としており，法学部生の進路として代表的なものであることはいうまでもありません。ただし，法曹になるためには，司法試験に合格する必要がありますが，法学部を卒業しただけでは司法試験を受験することはできません。原則として，法学部卒業後に法科大学院（ロースクール）に進学し，2年ないし3年の課程を修了しなければ，司法試験を受験する資格を与えられません。ただし，法科大学院を修了しなくても，司法試験予備試験に合格すれば，司法試験を受験する資格を得ることができます。

　なお，こうして司法試験に合格しても，それだけではまだ法曹にはなれません。司法試験合格後，司法研修所で1年間の司法修習を受けなければならないのです。

　裁判官　　裁判官の主な仕事は，民事訴訟や刑事訴訟において，裁判を主宰し，判決という形で判断を示すことです。

　民事訴訟では訴訟を起こした原告とその相手方である被告の双方の主張を聴き，提出された証拠を調べたりして，法律を適用し，原告の請求を認めるべきか，あるいは認めるべきではないかを判断します。

民事訴訟は，一般に法廷で行われますが，少額訴訟などでは，当事者がリラックスした雰囲気の中で話ができるように，裁判官も楕円形のテーブルを囲んで着席するラウンドテーブル法廷を使ったりしています。それ以外の執行手続や倒産手続においても，当事者などから出される主張や証拠に基づいて，法律上の判断をするのが裁判官の仕事です。

　刑事訴訟では，罪を犯したとして検察官に起訴された被告人について，検察官から提出された証拠を調べ，被告人やその弁護人の言い分や証拠も調べて，被告人が罪を犯したのかどうかを判断します。その上で，罪を犯したと認められる場合には，どのような刑罰を与えればいいのかも判断します。

　また，捜査機関が強制捜査（捜索・差押えや逮捕・勾留等）をする場合には，被疑者などの基本的人権を守る観点から，原則として逮捕状や捜索差押令状等が必要となりますが，これらの令状を発付するか否かを判断することも裁判官の仕事です。

　家庭内の紛争などの家庭に関する事件（「家事事件」といいます。）のうち審判という手続では，裁判官が当事者の言い分を聴いたり，当事者が提出する証拠を調べるなどして，事案に応じて，家庭裁判所調査官の報告や参与員の意見を聴くなどした上で審判をします。

　少年審判では，捜査機関から送られた記録などを調査した上で，少年，保護者，付添人の言い分を聴いたり，家庭裁判所調査官の調査結果の報告と意見を聴いたりして，少年が非行を犯したかどうか，今後の更生のためにはどのような処分が適当かを裁判官が判断します。

　検察官　　検察官は，公益の代表者として，刑事事件について裁判所に裁判を求めるための公訴を提起（起訴）することができます（刑事訴訟法247条）。検察官が罪を犯したとして起訴して初めて，裁判所は，その事件について裁判を行うことになります。検察官は，起訴した事件について，その被告人がその犯罪を行ったことを証拠に基づいて立証する役割を担っています。

　また，少年事件においては，非行事実の存否について争いがある一定の重大な事件で裁判所が必要と認めたときには，検察官に，審判への出席を求めることがあります。

　さらに検察官は，後見・保佐・補助開始の審判の申立てをする場合があります。後見・保佐・補助開始の審判があると，その人は制限行為能力者として一定の保護を受けることになります。通常は，配偶者や4親等内の親族が申立てを行いま

すが，そのような人がいない場合には検察官が公益代表として申立てを行います。

●制限行為能力者
　民法では，意思能力が十分でない人を類型化して，行為能力を制限し，一定の保護を与えるという制度を設けています。この制度は，行為者の自己決定権を尊重するとともに，判断能力が十分でない行為者を保護するためのものです。行為能力が制限される人を「制限行為能力者」といいます。

①未成年者
　未成年者とは，18歳未満の人をいいます（民法4条）。未成年者が契約等の法律行為を行うためには，原則として法定代理人（親権者）の同意が必要です。同意を得ないで行った法律行為は取り消すことができます（民法5条2項）。
　法律行為とは，契約のように，当事者の意思表示に基づいて法律効果を発生させる行為です。契約の場合，法律効果として債権，債務が発生します。

②成年被後見人
　精神上の障害により事理を弁識する能力を欠く常況にある人については，家庭裁判所において後見開始の審判をすることができます（民法7条）。「事理を弁識する能力を欠く」とは，意思能力を欠く場合はもちろん，精神障害などによって自分の行為の結果や物事の一般的な善し悪しについて判断することができないような状態をいいます。「常況」とはふだんそのような状態であることです。
　後見開始の請求は，本人，配偶者，4親等内の親族等や検察官が行うこととされています（民法7条）。
　成年被後見人の審判を受けた人は，成年後見人が付けられ，法律行為は成年後見人が法定代理人として本人に代わって行います。成年被後見人が単独で行った法律行為は取り消すことができます。ただし，日用品の購入その他日常生活に関する行為については，単独で行うことが認められているため，取り消すことはできません。

③被保佐人
　精神上の障害によって事理を弁識する能力が著しく不十分な人については，家庭裁判所において保佐開始の審判をすることができます（民法11条）。事

理を弁識する能力が著しく不十分とは，一般の人に比べて判断能力が不十分であるような状態のことです。

　保佐開始の審判を受けた人（被保佐人）には保佐人が付けられ，借金をしたり，保証人になったりするような重要な財産上の法律行為についてのみ保佐人の同意が必要とされ，その他の法律行為については被保佐人であっても単独で行うことができます（民法13条）。保佐人の同意が必要な行為を保佐人の同意を得ないで単独で行ったときは，その行為を取り消すことができます。ただし，日用品の購入その他日常生活に関する行為については，成年被後見人と同様に単独で行うことが認められます。

④被補助人

　精神上の障害により事理を弁識する能力が不十分な人は，家庭裁判所において補助開始の審判をすることができます。審判を受けた人（被補助人）には補助人が付けられます。「判断能力が不十分」とは，基本的に日常的なことは自分ででき，さらに重大な法律行為を1人ですることはできるものの，しっかりできるかどうか不安があり，他の人にやってもらった方が本人のためになるような状態のことを意味します。

　被補助人は，原則として単独で法律行為を行うことができます。ただし，家庭裁判所は，補助人等の請求により，補被補助人が1人で行うのが難しい事項について，必要な代理権や同意権を選んで，補助人に個別に付与することになります。補助人に代理権等が付与された事項については，被補助人は単独で行うことができません（民法17条1項）。

弁護士　　弁護士は，裁判所のいろいろな事件や手続について，当事者の代わり，あるいは補助者として関与しています。一般的には，裁判所の手続は弁護士に依頼しなくても，本人自身でできますが，刑事事件では，弁護士がいないと裁判ができない場合もあります（必要的弁護事件）。

　その役割を具体的に各事件の種類ごとに見ると，民事事件のうち，一般的な民事訴訟においては，当事者である原告又は被告から依頼を受けて，代理人として，各種書類の作成や法廷での主張・立証活動をしたり，和解などの場では相手方との交渉を行う場合もあります。それ以外の調停や民事執行手続，倒産手続についても，基本的には当事者等の代理人として民事訴訟手続の場合と同じような活動

をします。また，破産手続においては，破産管財人として破産した人や会社の財産を強制的に金銭に換えて債権者に分配することもあります。多くの破産管財人は弁護士から選任されています。

　刑事事件では，犯罪を行ったとして，検察官に起訴された被告人の弁護人として，被告人の正当な権利利益を擁護するため，被告人にとって有利な事情を主張，立証します。そのための準備として，弁護人は訴訟記録を検討したり，被告人と会って事情を聴くなどします。

　少年事件では，少年の付添人として，家庭裁判所に協力して少年の健全育成という目的を適正に実現させる役割と，少年の権利利益を守る弁護人的な役割を果たしています。

　家事事件では，審判でも調停でも，民事事件と同様に当事者から依頼を受けて，代理人として手続上必要な書類の作成や主張・立証活動などを行っています。また，家庭裁判所によって財産管理人や後見人などに選任されることもあります。

②**法律に関係する資格**（「**士業**」）　　法曹以外にも，法律に関する資格には様々なものがあります。その多くが，司法書士，行政書士，税理士などのように「士」という字がつくことから士業（「さむらいぎょう」とか「しぎょう」と読みます）と呼ばれています。こうした資格を取得すると，多くの場合には自分の事務所を独立開業するでしょうが，資格によっては独立開業だけではなく，企業に雇用されて，その中で専門知識を生かした部署に配属されるということもあります。

　弁理士　　特許や実用新案，意匠，商標など，国内外における知的財産権の出願や取得手続を担うのが主な業務です。知的財産権の対象は，知的財産などから生み出されるアイデア等であり，取扱いには高度な専門性が求められます。

　司法書士　　不動産取得や会社設立時の登記申請書類の作成および裁判所へ提出する書類作成が主な業務です。また，法務大臣の認定を受けている司法書士であれば，140万円以下の民事訴訟の手続を行うことができます。

　行政書士　　官公署に提出する許認可申請の書類作成や事実証明に関する書類作成，権利義務にかかわる書類作成など，行政書士の業務は多岐にわたるのが特徴的です。

　社会保険労務士　　行政機関に提出する社会保険に関する書類の作成や申請代行が主な業務です。また，人事労務管理のコンサルティングなども行います。雇用や社会保険，労働問題，公的年金など社会保険労務士の業務は多岐にわたりま

す。

土地家屋調査士　不動産の表示に関する登記について，必要な土地及び家屋に関する調査又は測量を行うのが主な業務です。不動産登記の申請代行や審査請求の手続の代理も行います。

税理士　税理士は，税金に関する専門家です。主な仕事は，①確定申告や青色申告の承認申請，税務調査の立会いや税務署の課税に対する不服の申立てといった，税務代理業務，②確定申告書や相続税申告書，青色申告承認申請書，そのほか税務署などに提出する税務書類の作成，税務相談，③財務書類の作成，会計帳簿の記帳代行などの会計業務，④株式会社の役員として，取締役と共同して計算関係書類を作成する会計参与等が挙げられます。

海事代理士　船舶の登記や登録，検査をはじめ，船舶免許の取得，更新の申請代行などが主な業務です。

③公務員　公務員は，法学部生の進路として代表的なものの一つです。もっとも公務員といっても，様々な種類があります。公務員は，まず国家公務員と地方公務員に分けることができます。また国家公務員，地方公務員ともに，法的には，一般職と特別職に分類されています。一般職については，所掌する事務の性質から一般事務職と専門職（国税専門官，労働基準監督官，法務省専門職員など）に分けることができます。なお，裁判所職員，国会職員，防衛省の職員等は，一般的な事務を所掌している者であっても，法律上特別職とされています。

一方，地方公務員は，都道府県庁や市町村役場で働く一般行政職と警察職・消防職といった特別の職種に分けることができます。

国家公務員の採用試験では，法律等の専門試験が行われています。地方公務員では，採用試験の内容は，各地方公共団体ごとに異なります。公務員になると多かれ少なかれ法律にかかわって仕事をしていくことになりますが，採用試験では必ずしも，専門科目として法律の試験が行われているわけではありません。一般教養だけの採用試験を行っている地方公共団体もあります。一般的に，都道府県や政令指定都市の職員採用試験は法律等の専門試験が行われる場合が多く，市町村の職員採用試験は専門試験はなく一般教養だけのことが多いようです。ただし，近年多くの公務員採用試験で，試験科目の見直し等が行われ，民間企業と同様の適正検査を行ったり，面接試験だけという場合もあるようです。

公務員は，民間の労働者に比べて，強い身分保障がなされており，法令の規定

に基づかない限り，降任，休職，免職，停職，減給又は戒告されることはありません。全体の奉仕者である公務員の地位を安定したものとすることによって，国民，住民に対するサービスを安定的，恒常的なものとするためです。

【国家公務員法】

（身分保障）

第七十五条　職員は，法律又は人事院規則に定める事由による場合でなければ，その意に反して，降任され，休職され，又は免職されることはない。

②　職員は，人事院規則の定める事由に該当するときは，降給されるものとする。

（本人の意に反する降任及び免職の場合）

第七十八条　職員が，次の各号に掲げる場合のいずれかに該当するときは，人事院規則の定めるところにより，その意に反して，これを降任し，又は免職することができる。

一　人事評価又は勤務の状況を示す事実に照らして，勤務実績がよくない場合

二　心身の故障のため，職務の遂行に支障があり，又はこれに堪えない場合

三　その他その官職に必要な適格性を欠く場合

四　官制若しくは定員の改廃又は予算の減少により廃職又は過員を生じた場合

（懲戒の場合）

第八十二条　職員が，次の各号のいずれかに該当する場合においては，これに対し懲戒処分として，免職，停職，減給又は戒告の処分をすることができる。

一　この法律若しくは国家公務員倫理法又はこれらの法律に基づく命令（国家公務員倫理法第五条第三項の規定に基づく訓令及び同条第四項の規定に基づく規則を含む。）に違反した場合

二　職務上の義務に違反し，又は職務を怠つた場合

三　国民全体の奉仕者たるにふさわしくない非行のあつた場合

②　（略）

(4) 民間企業への就職に役立つ

①法学部はつぶしがきく？　　かつては「法学部はつぶしがきく」といわれました。それは法律を学ぶことによって身につけたリーガル・マインドが，企業においても役に立つからだと思います。リーガル・マインドは，様々な意味で使われていますが，「法的思考」「法的判断力」といえると思います。このような能力は，法曹などの法律関係の専門職のみならず，会社員としても活用できます。法律を学ぶことによって，このような能力を身につけることができるため，「法学部はつぶしがきく」といわれたのです。そのこと自体は今も昔も変わりがないと思います。

②ビジネスと法的思考　　法律の役割の一つに利害関係の調整があります。社会では様々な問題や紛争が生じています。ビジネスにおいても取引関係や契約関係に関して問題や紛争が生じることも少なくありません。そのような場合に，問題や紛争を円滑に解決するためには，誰もが納得できる調整のための基準が必要になります。その基準が法律だということができます。そして，裁判等では，法律に基づきその問題や紛争を解決することになります。

　そのため，法律を理解しておくことによって，問題や紛争が起こることをあらかじめ回避することも可能になります。それでも問題等が生じてしまった場合でも，法律を理解しておくことによって，どのような解決方法が望ましいか，あるいは訴訟になった場合に勝訴できるのか等を検討し，対策を講じることが可能になります。

③ビジネスと業法　　業種ごとの基本的な事業要件を定める法律のことを業法といいます。本来，営業は自由にできるのが原則です（営業の自由。日本国憲法22条1項）。しかし，公共の福祉を保つ観点から事業の参入等に許可や認可が必要とされている場合があります。

　たとえば銀行は，銀行法4条1項の規定によって，内閣総理大臣の免許を受けた者でなければ，営むことができないとされています。多くの人の預金を扱うため，銀行の業務を健全かつ効率的に遂行するに足りる財産的基礎を有し，かつ，申請者の当該業務にかかる収支の見込みが良好であることを審査した上で，免許が与えられます（4条2項）。

また，飲食店については，食品衛生法55条1項の規定により，都道府県知事の許可を受けなければならないとされています。公衆衛生の見地から必要な基準等を満たしている者に限って許可を与えることで，飲食店の利用者である国民の健康等を守っているのです。

　業法の数は，100を超えるといわれています。それほど多くの業種が，事業を行うに際して，許可，認可等が必要とされているのです。そのため，皆さんがビジネスを行う際にも，法律に関する知識が生かせる機会が多いということができます。業法は，様々な問題が生じると，そのために制度の見直しが行われ，改正される場合も少なくありません。その意味でも，法律の内容を理解する必要性が高いといえます。

第 2 章

法の概念について学ぶ

この章では，法の概念について学びましょう。

1 法 と は

　法は，社会規範の一つとされています。規範とは，大辞泉によると「1　行動や判断の基準となる模範。手本」あるいは「2　《(ドイツ) Norm》哲学で，判断・評価・行為などの基準となるべき原則」とされています。社会規範とは，社会生活を営む上で基準となる原則，つまり，守らなければならないルールということができます。法以外にも慣習，宗教，道徳など様々なものが社会規範として位置付けられています。

(1) 社会規範

　人は，何らかの形で集団を構成し，その集団の中で生きています。皆さんも，保育園，幼稚園，小・中学校，高等学校，大学という集団の中で生活をしてきました。あるいは，地域のコミュニティに参加して活動している人もいるのではないでしょうか。そして，みなさんが過ごしてきた集団やコミュニティには，何らかのルールがあるはずです。集団のメンバーが勝手に好きなことをしてしまうと，集団は維持することが困難になります。集団やコミュニティが存続し続けるためには，その構成員の間に紛争が生じることを防いだり，紛争が生じた場合に適切に解決するためのルールが必要です。ルールがあることによって，みなさんが集団の中で安心して社会生活を送ることができるのです。みなさんが，集団やコミュニティの中で，社会生活を営むためのルールが，社会規範といわれるものです。

社会規範の例としては，法，道徳，宗教，習俗などを挙げることができます。

　「太陽は東から上り西に沈む」や「水は0度で凍る」というような自然法則は，必然（○○に違いないこと）です。これに対して規範は，自然法則のように「必然」ではなく，あくまでも「当為」（「こうあるべき」，「○○しなければならない」，「○○してはならない」）ということを内容としています。たとえば，「電車を待つときには，順番に並ばなければならない」，「人を殺してはならない」，「図書館で借りた本は，返さなければならない」など，社会規範に位置付けられるものを挙げれば限りがありません。

①**社会規範としての法**　　「社会あるところに法あり」という法諺があります。法は，社会生活の秩序を維持するための規範であり，いかなる社会であろうとも，その規範によって維持されていることからこのようにいわれています。

　社会規範の中には，法以外にも，道徳，宗教，習俗が社会規範として位置付けられます。道徳とは，善悪をわきまえて正しい行動を行うための規範ということができます。たとえば，「お年寄りを敬う」「親孝行をする」といったものです。

　宗教規範は，特定の宗教の教えを基本にした行動の基準です。たとえばキリスト教では，「隣人を自分のように愛しなさい」とされています。

　習俗規範とは，社会一般に共通する標準的な行為の基準です。たとえば，人が婚姻すれば結婚式を，死亡すれば葬式をするといったものです。これらは，当為（ある行為をすべき）を命じる点では，法と同様といえます。ただし，習俗は，時代とともに変遷していきます。かつては，結婚式は，当然行うものという考え方が一般的でしたが，今ではより柔軟に考えられ，規範とまではいえないかもしれません。

②**法と道徳**　　社会規範の中で，法以外に重要なのが道徳ですが，法と道徳は似ている点もあり，重なり合うこともあります。法と道徳の違いについて，法は外部に現れた行為を規律する規範であり，道徳は内面的な動機を規律する規範であるといわれています。人を殺したいと思っただけでは，法に反することにはなりませんが，道徳的には非難される場合もあります。

　法も道徳も，「あるべきこと」「まさに為すべきこと」という当為に位置付けられます。道徳では「人の物は盗ってはならない」とか「人の命は大切にしなければならない」などと「為すべきこと」が明確に示されています。一方，法の一つ

である刑法においては「他人の財物を窃取した者は，窃盗の罪とし，十年以下の懲役又は五十万円以下の罰金に処する」(235条) あるいは「人を殺した者は，死刑又は無期若しくは五年以上の懲役に処する」(199条) と規定されています。このように刑法の場合には「物を盗ってはならない」とか「人を殺してはならない」と規定されているわけではありません。しかし，物を窃取した者を刑罰に処するなどと規定していることから，刑法は当然，「物を盗るな」「人を殺すな」と命じていると考えられます。

(2) 法の特徴

①強制力の有無　法と道徳の最も大きな違いは，法が強制力を持っていることです。法は，国家によって作られ，これに従わないときは，何らかのペナルティを課される場合があります。あるいは法に違反した場合，損害賠償を請求される場合もあります。

　ただし，法のすべてが強制力を有しているわけではありません。民法730条は「直系血族及び同居の親族は，互いに扶け合わなければならない」と規定していますが，この規定は法的効力を有さず訓示的な意味しか持たないと解されています。

　これに対して，道徳は国家が作るものではなく，国家が強制するものでもありません。したがって，道徳に反したからといって国家はペナルティを課すことはできません。ただし，道徳であっても，必ずしも制裁がないわけではありません。道徳に反する行為に対して，社会的制裁が課される場合もあります。しかし，この社会的制裁については，今日ではネット上の誹謗中傷等のように，それ自体が犯罪的な行為となる場合もあるため，注意が必要です。

②裁判規範性　裁判規範とは，裁判の基準となる規範のことです。また，法の裁判規範性とは，法が裁判の基準となるということです。この点に関して，日本国憲法76条2項は，「すべて裁判官は，その良心に従ひ独立してその職権を行ひ，この憲法及び法律にのみ拘束される」と規定していることから，法は裁判規範性を有するといえます。

　これに対して，道徳は，一般的に裁判規範とはなりません。ただし，民法1条2項「権利の行使及び義務の履行は，信義に従い誠実に行わなければならない」や民法90条「公の秩序又は善良の風俗に反する法律行為は，無効とする」とい

う規定は，道徳的要素の含まれた規定であり，法と道徳は密接なつながりがあります。たとえば，大審院大正9年5月28日判決[(1)]は，婚姻外の情交関係を継続する旨の契約や，妻を離婚して婚姻するという予約はいずれも「国民道徳の観念に照し善良の風俗に反する事項を目的とする法律行為」であり無効であるとしており，まさに道徳的な観念から法律行為が無効とされています。その意味では，道徳も一定の場合には，裁判規範となりえるといえます。

(3) なぜ法に従うのか？　従わなければならないのか？

①なぜ法に従うのか：遵法動機　　みなさんは，なぜ法に従うのでしょうか？その理由として，次のようなものが考えられます。

　ⓐ法に従わないと不利益を被るから法を守る　　法に従わないと何らかの不利益を受ける場合には，その不利益を避けるために法に従う場合も多くあります。たとえば車の運転をしている場合，スピード違反をしたら反則金や違反点数が課されるから，制限速度を守っているという人も多いと思います。

　ⓑ法に従わないと危険な状態になることがあるから法を守る　　法は，国民の安全や健康を守るものだから，従わないと危険な状況になるために，法に従うという場合もあると思います。歩行者が赤信号のときに渡らないのは，危ないからだと思います。そもそも赤信号で渡ってはならないという法律があること自体を意識していないのが一般的だと思います。その意味では，赤信号で渡らないということは，法律に従っているわけではないといえるかもしれません。ちなみに，道路交通法4条及び同法施行令において，信号機が赤色の灯火のとき，歩行者等は，道路を横断してはならないと規定されています。

　覚醒剤を使用すると10年以下の懲役に処されます。犯罪だから，覚醒剤は使用しないという人も多いと思います。その一方で，罰則があるからではなく，覚醒剤などの使用で，不安定な精神状態になったり，幻覚が現れたりする，さらに脳や内臓を壊すという悪影響があるから，使用しないという人も多いと思います。

---

(1)　明治憲法の基での最上級審の裁判所です。1947年の裁判所法の施行に伴って廃止され，その権能は最高裁判所が引き継ぎました。

【覚醒剤取締法】

（使用の禁止）

第十九条　次に掲げる場合のほかは，何人も，覚醒剤を使用してはならない。

　　一　覚醒剤製造業者が製造のため使用する場合

　　二　覚醒剤施用機関において診療に従事する医師又は覚醒剤研究者が施用
　　　する場合

　　三　覚醒剤研究者が研究のため使用する場合

　　四　覚醒剤施用機関において診療に従事する医師又は覚醒剤研究者から施
　　　用のため交付を受けた者が施用する場合

　　五　法令に基づいてする行為につき使用する場合

第四十一条の三　次の各号の一に該当する者は，十年以下の懲役に処する。

　　一　第十九条（使用の禁止）の規定に違反した者

　ⓒみんなが守っているから法を守る　　とりあえずみんなと同じことをしてお
いた方がいい，みんなと同じように法律に従おうと思う場合もあるのではないで
しょうか。その要因として，同調圧力が挙げられます。同調圧力とは，少数意見
を持つ人が多数意見に合わせるよう暗黙のうちに強制するものです。

　わが国では，コロナ禍においてマスク着用率が非常に高かったと思います。こ
れは政府の要請という面もありましたが，周りの人はみんなマスクをしているん
だからという同調圧力による面も大きかったといえます。

②なぜ法に従わなければならないのか：遵法義務　　これは古代から繰り返し論
じられてきた難問であり，いまだに答えが出ていません。たとえば，ギリシアの
哲学者ソクラテスは，「納得のいかない法だから従わない，という態度はよくな
い。誰もがそのような態度をとるようになったら，社会が崩壊するからである。
だから，どんな内容の法であっても，とりあえず従うべきである。そして，法に
納得がいかないのなら，政治の場で，議論によって改善するべきである」といっ
たことを考えていました。ソクラテス自身は，自らに下された不当な死刑判決を
受け入れるという形で，文字どおり「死ぬまで」この考え方を貫きました。ソク
ラテスの考え方は，「悪法もまた法なり」という法諺として今日でも語られてい
ます。

遵法義務の根拠について，私は以下のように考えます。

法律は国会の両議院の議決を経て制定されます。国会の両議院を構成するのは，有権者が選挙を通じて選出した国会議員です。有権者の代表として国会に送り出された議員が，議論を通じて制定した法律である以上，たとえ内容に納得いかないとしても，その責任は議員を選出した有権者にあるのだから，やはり法律には従うべきである。いわば自己決定，自己責任だといえます。あるいは自分自身の決めたことだから従わなければならないともいえます。

これが，法律に従わなければいけないのは「どうして」なのかという問いに対する，一応の回答になります。

ただし，この理屈だとみなさんが生まれる前に制定された法律は，自分が選んだ代表者が決めたことではないので従わなくていいのかという批判を受けそうです。この点はとても難しい問題ですが，明確な答えを導き出すのは困難ともいえます。とりあえず，国家として国民の代表が法として制定した以上，その後の国民もこの法について同意しているものと擬制すると考えます。もしこの擬制を否定し，新たな意思を表明したいのであれば，その法を廃止，改正することになります。擬制とは，ある事実について，本質的には異なる事実と同一のものとみなして，同一の法的効果を認めることです。詳細は103頁を参照してください。

（4）法の機能

①社会統制機能　犯罪などの社会的に有害な逸脱行動を刑罰などの強制的サンクションによって抑止・処罰することなどのように，何らかのサンクションによって社会的な平穏を維持する機能といえます。なお，サンクション（sanction）とは，違反した人等に対する法的な制裁や措置のことです。

②活動促進機能　人々は，それぞれが様々な目的を持って行動をしていますが，法はそれぞれの目標を実現するために準拠するべき指針と枠組みを提供します。法に準拠する，あるいは法の枠内で行動することによって適法に行動できるのです。そして，私人相互の自主的活動を予測可能で安全確実なものにして，それぞれの活動を促進するという機能を果たしています。

③紛争解決機能　社会の構成員の間には，様々な意見や利害が対立することが一般的です。法は，一般的な法的規準に基づき，あらかじめ権利義務関係を明確

に規定することによってそもそも紛争が生じないようにしています。しかし，それでも紛争が生じることもあります。そのような場合には，法は紛争解決のルールや手続として機能します。

●**通説，判例，多数説，有力説，少数説**

　法律の専門書を読んでいると，通説，判例，多数説，有力説，少数説等の言葉を目にすると思います。どのような意味なのでしょうか？　それぞれについて，明確な定義があるわけではありませんが，一般的に次のような意味で使われています。

①**通説**：圧倒的多数の学者が支持している説のことです。場合によっては，有力な学者の多くが支持している学説を通説という場合もあります。

②**判例**：一般的に裁判において具体的事件における裁判所が示した法律的判断のことをいいます。ただし，通説等とあわせて使用される場合には，最高裁判所が示した判断を意味する場合が多いといえます。

③**多数説**：多くの学者が支持している説です。有力説ないし通説の意味合いで用いられることもあります。

④**有力説**：影響力の大きい論者が述べている説という意味で使用される場合や論理的説得力の高い説の意味で使用されることが多いといえます。

⑤**少数説**：少数の学者が支持している説のことです。ただし，少数の支持であっても，専門書で取り上げられる以上，一定の論理的正当性がある説であるといえます。

2　法の存在形式（法源）

　わが国における法源としては，成文法と不文法があります。法源とは，法の存在形式のことです。つまり，法には成文法と不文法が含まれるということです。一般的に，法律は，国会において制定された規範，つまり制定法を意味すると解されています。一方，法は，制定法のみならず，慣習法，判例法なども含めたものとされます（図2-1）。

　国会の議決等のように人為的過程（人の行為）を経て成立した法を実定法とい

図 2-1　法源の分類

いきます。実定法には，成文法及び不文法が含まれます。一方，実定法に対して，人為的過程を経ることなく，社会の基礎にあって，時代と場所とにかかわらず効力を持つ，永久不変の法と考えられるものを自然法といいます。

（1）成 文 法

①**憲法**　　憲法は，国家統治の基本構造を定めた法です（固有の意味の憲法）。さらに固有の意味の憲法のうち，人権の保障と権力の分立をその内容に含む憲法を立憲主義的憲法といいます。日本国憲法は，この立憲主義的憲法に位置付けられます。立憲主義的憲法の最も重要な特質は，人権の基礎法であり，国の最高法規として法体系の頂点に立って国家権力の恣意的発動を制約する「制限規範」としての意味を持つことです。

②**条約**　　条約は，国際法上の法形式です。日本国憲法では，日本国が締結した条約及び確立された国際法規は，これを誠実に遵守することを必要とするとしています（98条2項）。

　また，条約については，その内容が十分に具体的でそのまま国内法として通用させられる条約（自動執行条約：self-executing treaty）と，国内に適用するためにはそのための法律を制定する必要のある条約（非自動実施条約：non-self-executing treaty）とがあります。万国郵便条約，租税条約などが自動執行条約です。自動執行条約は，法律の制定を待たずに，条例自身がわが国の国内法として効力を有することになります。

③**法律**　　法律は，国会の議決によって制定される成文法です（日本国憲法59条）。法律制定権は，国会にあります（日本国憲法41条）。ところで，国家作用のうちどのような事項について法律として定める必要があるのかが問題となります。これを言い換えれば，三権分立の中で，行政機関がどのような活動をする場合に，法律の根拠が必要かという問題です。

この点については様々な学説がありますが，重要な学説は侵害留保説，本質性理論及び一般的規範説です。

侵害留保説　行政機関が住民の自由と権利を侵害する行為を行うには，法律の根拠が必要だとする説です。19 世紀の君主制の時代には，すべての権力が君主にありました。それを国民の代表である議会が「自由と財産に関する事項」を定める権限を国王から奪い取りました。その頃の名残で「国民の権利を制限し，又は国民に義務を課す内容」は法律で定めなければならないと考えられてきています（侵害留保説）。

本質性理論（重要事項留保説）　わが国において有力である侵害留保説に対してドイツの通説的見解は，本質性理論（重要事項留保説）といわれるものです。本質性理論は，本質的決定は議会自らが下すべきであり，行政権に委ねてはならないとする考え方です。行政機関の活動に関して法律の根拠を必要とする範囲について，侵害留保説から，さらに拡張を図った見解であるといえます。この理論は，議会における審議を重視する点で，侵害留保説に比べて，民主主義的な理念がより強く反映されています。

一般的・抽象的法規範説　近年の有力説です。この説は，民主主義を重視する観点から，国民の権利義務に関係すると否とを問わず，およそ一般的・抽象的法規範は国民の代表である議会によって法律として定めるべきであるとします。

④**命令**　命令という用語は，一般的には，上司が部下に一定の行為を行うことを求めるような場合に使用されますが，ここでいう命令は，法源としての命令です。法源としての命令は，国の行政機関が制定する法規のことです。命令は，制定主体によって，政令，内閣府令，省令に分類されます。

政令　内閣が制定する命令です（日本国憲法 73 条 6 号）。法律の委任がなければ，罰則をつけたり義務を課したり，権利を制限することはできません（内閣法11 条）。政令は，主務大臣が署名し，総理大臣が連署して天皇が公布します（日本国憲法 74 条，同 7 条 1 号）。

内閣府令，省令　内閣府令は，内閣総理大臣が（内閣府設置法 7 条 3 項），省令は各省大臣が（国家行政組織法 12 条 1 項），法律又は政令を執行するため，あるいはその委任に基づき制定する命令です。

⑤**条例等**　地方公共団体は，法律の範囲内で条例を制定することができるとさ

れています（日本国憲法94条）。条例の制定改廃には，議会の議決が必要です（地方自治法96条1項1号）。また，地方公共団体は，義務を課し，又は権利を制限するには，法令に特別の定めがある場合を除くほか，条例によらなければなりません（地方自治法14条2項）。

　地方公共団体における法には，条例のほか執行機関が定める規則があります。この規則には地方公共団体の長の定める規則及び教育委員会や選挙管理委員会等の委員会や監査委員の定める規則や規程が含まれます。この規程とは，一定の目的のために定められた一連の条項の総体をいいます。なお，規定とは，法令中の個々の条項の定めのことをいいます。[(2)]

　長の定める規則は，長がその権限に属する事務に関して制定する自治法規です（地方自治法15条1項）。この規則は，住民によって直接選挙される長が制定するものであるため，議会の議決を経て定める条例と同様に日本国憲法94条に規定する「条例」に該当するものと解されます。[(3)] そのため地方自治法を改正して，長の規則制定権を廃止するようなことは，日本国憲法94条に抵触するため，許されません。

　また，地方公共団体の各委員会と監査委員は，その権限に属する事務に関し，規則その他の規程を定めることができるとされています（地方自治法138条の4第2項，地方教育行政の組織及び運営に関する法律15条1項）。各委員会と監査委員が定める規則，規程は，憲法はもちろん，法令，条例，長の規則に違反することはできません（地方自治法138条の4第2項）。

(2) 不 文 法

①**慣習法**　　慣習というのは，ある社会の中，あるいは一定の範囲の人々の間で，反復継続的に行われ，その社会や人々の間で，心理的な拘束力を持っているような行動様式を指します。慣習のうち，法と同視されるほどの強い拘束力を持っているものを「慣習法」と呼びます。

　大審院判決昭和15年9月18日は，温泉湧出地（源泉地）から引湯使用する，いわゆる温泉権は，一種の物権的権利に属し，源泉地の所有権から独立して処分される地方慣習が存在するとしました。一方，東京高判令和元年10月30日は，本件地域において，温泉権に関する地方的慣習法の成立を認める証拠等はないこ

---

(2)　『法律用語辞典（第5版）』（有斐閣，2020年）190頁。
(3)　佐藤幸二『憲法論（第2版）』（成文堂，2020年）613頁。

30　　第1部　法学の基礎を学ぶ

とから，本件温泉権は物権として成立していたとはいえないとしました。

　民法には「慣習」に基づく旨の規定があります。たとえば235条1項では，境界線から1メートル未満の距離に，他人の宅地を見通すことのできる窓又は縁側を設ける者は，目隠しを付けなければならないと規定していますが，236条ではこの規定と異なる慣習があるときはその慣習に従うとしています。

②判例法　　判例とは，先例としての位置付けを有する判決のことです。個々の判決自体は具体的な事件に関する裁判所の判断を示すものですが，判決で示された一般的な基準や考え方が先例として規範と同様に扱われ，その後も同種の事件で同様の判断がなされるようになることがあります。そのような判決が繰り返されることによって，先例としての機能が安定したものとなり，法としての判例法として機能することになります。

　日本国憲法76条3項では，「すべて裁判官は，その良心に従ひ独立してその職権を行ひこの憲法及び法律にのみ拘束される」とされています。この条文から，本来的に裁判官は，過去の判決には拘束されません。しかし，実際には訴訟経済（訴訟の審判に関して裁判所，当事者等の関係者の労力，経費等の負担をできるだけ少なくしようとする要請）の観点からも，一定の事例に関しては前の裁判例を踏襲することが望ましいと考えることになります。先例としての判決は，事実上拘束力を有するということができます。これは，判決の法的安定性という意味でも重要な意味を持っています。

　さらに，裁判所法10条3号は「憲法その他の法令の解釈適用について，意見が前に最高裁判所のした裁判に反するとき」は，小法廷ではなく大法廷で裁判をしなければならないことを規定しています。このように最高裁判所の判例を変更するに当たっては，慎重な手続を規定しており，容易に変更ができないようにしています。また，最高裁判例に反する下級審の裁判があったときには法令解釈の違背があるとして取り消すことができます。法令の安定的な解釈と事件を通しての事後的な法令解釈の統一を図るためであり，最高裁判所の判決には後の裁判所の判断に対し拘束力があるものと解釈されています。そのため，最高裁の判決を「判例」といい，下級審の判決である「裁判例」と区別することがあります。

【裁判所法】

（上級審の裁判の拘束力）

第四条　上級審の裁判所の裁判における判断は，その事件について下級審の裁判所を拘束する。

（大法廷・小法廷）

第九条　最高裁判所は，大法廷又は小法廷で審理及び裁判をする。

②　大法廷は，全員の裁判官の，小法廷は，最高裁判所の定める員数の裁判官の合議体とする。但し，小法廷の裁判官の員数は，三人以上でなければならない。

③　各合議体の裁判官のうち一人を裁判長とする。

④　各合議体では，最高裁判所の定める員数の裁判官が出席すれば，審理及び裁判をすることができる。

（大法廷及び小法廷の審判）

第十条　事件を大法廷又は小法廷のいずれで取り扱うかについては，最高裁判所の定めるところによる。但し，左の場合においては，小法廷では裁判をすることができない。

一　当事者の主張に基いて，法律，命令，規則又は処分が憲法に適合するかしないかを判断するとき。（意見が前に大法廷でした，その法律，命令，規則又は処分が憲法に適合するとの裁判と同じであるときを除く。）

二　前号の場合を除いて，法律，命令，規則又は処分が憲法に適合しないと認めるとき。

三　憲法その他の法令の解釈適用について，意見が前に最高裁判所のした裁判に反するとき。

●レイシオ・デシデンダイとオビタ・ディクタム

　判決理由には，判決の結論を導く上で意味のある法的理由付けの部分「判決理由（レイシオ・デシデンダイ：ratio decidendi）」と，判決の結論を導く上で意味のある法的理由付けでない部分「傍論（オビタ・ディクタム：obiter dictum）」とがあります。

　判決理由の部分は，後に起こる別の事件で同じ法律問題が争点となったと

32　　第1部　法学の基礎を学ぶ

き，その裁判の拠りどころとなりうる先例として扱われます。その意味で判決理由の部分は「法源」として機能することになります。

　判決において，判決理由の部分は必ず示されますが，傍論の部分は必ずしも示されるわけではありません。傍論を示した例として，朝日訴訟上告審判決[4]を挙げることができます。この判決では，判決理由としては「保護受給権が右に述べたように一身専属の権利である以上，相続の対象となり得ないと解するのが相当である」として，上告人の死亡によって訴訟は終了し相続は承継しないとしました。ただし，「なお，念のために，本件生活扶助基準の適否に関する当裁判所の意見を付加する」として傍論を示しています。

③**条理**　　条理とは，ものごとの筋道，道理という意味です。たとえば，民事訴訟において，裁判所は，制定法，慣習法，判例法がない場合であっても，適用すべき法がないことを理由として，裁判を拒否することはできません。この場合には条理によって判決がなされることになります。明治8年（1875）の太政官布告第103号裁判事務心得3条では「一民事ノ裁判ニ成文ノ法律ナキモノハ習慣ニ依リ習慣ナキモノハ条理ヲ推考シテ裁判スヘシ」とされています。

　一方，刑事訴訟の場合には，適用すべき法がない場合は，罪刑法定主義によって，条理を根拠として刑罰を科すことはできないため，無罪判決がなされることになります。ただし，成文法の解釈において条理が意味を持つことはあります。

【罪刑法定主義】

　罪刑法定主義とは，どのような行為が犯罪として処罰されるか，どのような刑罰が科されるかについて，あらかじめ法律で規定しなければならないという原則のことです。「法律なくば犯罪なく，法律なくば刑罰なし」という法諺もあります。

　また，罪刑法定主義の派生原理として以下の事項が求められています。

①法律主義

　国民の代表者である国会が制定した狭義の法律以外の刑罰法規を認めない

---

(4)　最大判昭和42年5月24日民集21巻5号1043頁。

原理であり，民主主義の原理によって導かれます。

②事後法の禁止

　行為以前に刑罰法規が存在しなければ処罰されないとする罪刑法定主義の本来の内容から論理的に導かれ，行為後に刑罰法規を制定して遡及処罰することはできないとする原理で，自由主義の原理によって導かれます。

③類推解釈の禁止

　文理の枠を超えているので適用できない刑罰法規を処罰のために事実の類似性に着目して類推適用できるようにする解釈を禁止する原理です。類推解釈を認めるならば国会が定めていない刑罰法規を裁判官が事後的に創造することが認められることになり民主主義に反し，また国民の予測可能性が害されることになるから，この派生原理は民主主義と自由主義によって導かれていると考えられます。

④明確性の原則

　刑罰法規の内容が国民にとって不明確であってはならないとする原理です。不明確な内容の刑罰法規は国民の自由保障を危うくするものであるから，この派生原理は自由主義によって導かれます。

⑤刑罰法規の適正

　刑罰法規の内容が不適正であってはならないという原理です。これは処罰の目的が個人の生活利益の保護上適正でなければならず，また処罰の内容としても人権保障上適正なものでなければならないというものであり，個人の尊厳を基礎とする権利と自由を保障すべきとする憲法の原理から導かれます。

3　成文法の分類

(1) 法の分野による分類

　成文法の分類として，まず，法の分野による分類があります。法の分野には多様なものがありますが，ここでは主要なものを取り上げて説明しましょう。

①民法・商法・民事訴訟法　　民法とは，私人間の関係を規律する基本的な法律といえます。民法は，私たちがコンビニで買い物をする（売買契約），交通事故に

あった場合に損害賠償を請求する（不法行為）や，夫婦や親子の関係等に関して規定しています。

　商法は，企業組織や，企業間の取引，企業とその他の自然人との取引などの企業活動について規律する法律です。商法という題名の法律があり商人の営業や商行為など商事に関する基本的な事項を規定しています。ただし，実質的な意味での商法には，商法のみならず会社法，保険法，手形法及び小切手法も含まれます。民法や商法は，権利が発生したり，消滅するための要件等を規定しています。このような法律を実体法といいます。

　一方，民事訴訟法は，個人の間の法的な紛争，主として財産権に関する紛争を，裁判官が当事者双方の言い分を聞いたり，証拠を調べたりした後に，判決をすることによって紛争の解決を図るための手続について規定しています。このような法律を手続法といいます。

●自然人と法人

　わが国において，権利，義務の帰属主体となることができるのは，「自然人」と「法人」のみです。権利，義務の帰属主体というと難しそうなのですが，簡単にいうと契約を締結したり，物を所有したりすることができる資格のことです。

　自然人という言葉もあまり耳にしないと思いますが，私たち人間のことです。一方，法人とは，「法」が権利義務の主体となりうることを認めたものです。わが国では，法人は法律の規定によってのみ法人の設立が認められるという制度を採用しています。法人の設立は，法律の定める一定の要件を具備した場合にその設立が認められます。法人は，自然人と異なり，民法等その目的に沿った法律の規定によらなければ法人として成立しません。

　法人には，社団法人と財団法人とがあります。社団法人とは，一定の目的のもとに結合した人（社員）から成り立ち，団体として組織や意思などを持って，一つの社会的存在として行動する組織のことです。社員総会がその最高意思決定機関です。身近な社団法人として，株式会社があります。株式会社も社団法人の一つです。株式会社の社員というと，会社の従業員をイメージすると思いますが，社団法人としての株式会社の社員は株主のことです。また社員総会は，株主総会と呼ばれています。

財団法人は，財産の運用を目的とする法人であり，財産の集まりに法人格が付与されたものです。基本的には，当該財産の運用益を主な財源として活動を行います。

②**刑法・刑事訴訟法**　　刑法は，刑罰と，刑罰を科されるべき行為である犯罪を規定した法律です。たとえば，他人の財物を窃取することが窃盗罪となるという要件を規定するとともに，窃盗罪については刑罰として10年以下の懲役又は50万円以下の罰金に処する旨が規定されています（刑法235条）。また，公然と事実を摘示し，人の名誉を毀損することが名誉毀損罪になるという要件とともに，名誉棄損罪については3年以下の懲役若しくは禁錮又は50万円以下の罰金に処する旨が規定されています（刑法230条1項）。一方，刑事訴訟法は，犯罪の捜査から裁判手続まで，犯罪に対して刑罰を科すための手続を定めています。

③**行政法**　　行政法とは，行政に関する法ということができます。具体的にいえば，都市計画法，生活保護法，食品衛生法等のように市民に様々な公的サービスを提供する行政活動を規律する法律です。行政法の特徴として，行政法という題名の法律が存在しないことを挙げることができます。このため，行政法の学習においては，民法や刑法等のように具体的な法律を学ぶのではなく，行政活動に関するという共通の性格を持った多くの法律や理論を学ぶことになります。

●**刑事責任，民事責任，行政責任**
　　交通事故を起こして，相手方にけがをさせてしまった場合，刑事・民事・行政の三つの責任が問題となります。
①**刑事責任**
　　「自動車の運転により人を死傷させる行為等の処罰に関する法律」5条では「自動車の運転上必要な注意を怠り，よって人を死傷させた者は，7年以下の懲役若しくは禁錮又は100万円以下の罰金に処する」と規定しています。したがって，相手方にけがをさせてしまった場合には，7年以下の懲役もしくは禁錮又は100万円以下の罰金に処される可能性があります。
②**民事責任**

表 2-1　労働法に位置付けられる主要な法律

法律名	概要
労働基準法	労働条件に関する最低基準等を定める法律です。
労働組合法	労働組合に関するルールを定めた法律です。
労働関係調整法	労使関係公正な調整を図り，労働争議を予防し，又は解決するための手続等を定めた法律です。
労働契約法	労働関係に関する紛争の防止や労働者の保護を図るため，労働契約について基本的な理念やルールを定めた法律です。

　民法709条において「故意又は過失によって他人の権利又は法律上保護される利益を侵害した者は，これによって生じた損害を賠償する責任を負う」とされています。したがって，交通事故において相手方に損害を発生させた場合には，刑事責任とは別に，民事責任として損害賠償責任を負うことになります。

③**行政責任**

　道路交通法規に違反している場合には，運転者には違反点数が課せられ，違反点数が一定以上になると，免許取消や免許停止，反則金等の行政処分を受けることになります。交通事故を起こした場合，事故の原因となった交通違反に付される点数に，さらに事故の際に付される付加点数がプラスされます。この事故の付加点数については，負傷者のけがの程度と事故の責任の程度に応じ定められています。この行政手続は，刑事事件や民事事件とはまったく別で進行します。

④**労働法**　　労働法とは，使用者（雇う側）と労働者（雇われる側）の関係について定める法律の総称です。一般的に，使用者に比べて労働者の立場が弱いために，労働者保護の観点から様々なルールが定められています（**表2-1**）。

⑤**社会保障法**　　わが国の社会保障制度は，社会保険（健康保険や雇用保険等），社会福祉（児童，母子，心身障害者，高齢者等に対する公的な支援），公的扶助（生活保護等），保健医療・公衆衛生（疾病の予防，衛生等）からなっています。社会保障法は，これら社会保障制度に関する要件や手続等を規定する法律の総称です。社会

保障法に関連する法律としては，非常に数多くの法律があります（表2-2）。

⑥**知的財産法**　知的財産権とは，著作権や発明，商標などといった無体物について，その創出者に対して与えられる権利です。知的財産法は，このような知的財産に関するいくつかの法律の総称です（表2-3）。

⑦**経済法**　経済活動を市場経済の動きに委ねたままにしておくと，市場の独占，不公正な取引制限等の様々な問題が生じてしまいます。そこで，国家が市場経済における問題を解決するために介入し，規制を行う必要があります。その際のルールを定める法律を総称して「経済法」といいます。中心となる法律が，私的独占の禁止及び公正取引の確保に関する法律（独占禁止法）です。この法律では，自由経済社会において企業が守らなければならないルールを定め，公正かつ自由な競争を妨げる行為を規制しています。

　なお，市場の独占及び不公正な取引制限は，いずれも独占禁止法3条において禁止されている行為です。市場の独占とは，事業者が単独又は他の事業者と共同して，不当な低価格販売などの手段を用いて，競争相手を市場から排除したり，新規参入者を妨害して市場を独占しようとする行為や，事業者が単独又は他の事業者と共同して，株式取得などにより，他の事業者の事業活動に制約を与えて，市場を支配しようとする行為です。

　また，不当な取引制限には，「カルテル」と「入札談合」があります。カルテルとは，事業者又は業界団体の構成事業者が相互に連絡を取り合い，本来，各事業者が自主的に決めるべき商品の価格や販売・生産数量などを共同で取り決める行為です。一方，入札談合とは，国や地方公共団体などの公共工事や物品の公共調達に関する入札に際し，事前に，受注事業者や受注金額などを決めてしまう行為です。

　経済法においては，これらの行為を禁止することで，公正かつ自由な競争を維持し，国民経済の安定と発展を図ろうとしているのです。

⑧**国際法**　国際社会において国家間を規律する法律です。国際私法との関係で国際公法といわれることもあります。国際社会においては，国内の議会のような立法機関はなく，国際法の拘束力は国家間の合意に基づきます。また，一定の行為について，国際的な慣行（一般慣行）が多数の国によって法的に義務的又は正

表2-2　社会保障法に位置付けられる主要な法律

法律名	概要
健康保険法	健康保険のあり方，被保険者，保険者の定義，保険給付や費用の負担の方法等について規定する法律です。
国民年金法	国民年金制度に関する法律です。国民年金とは，一定額の保険料を納めることにより，老齢，障害，死亡によって，その人や家族の生活が脅かされないように保障する社会保障制度の一つです。
介護保険法	要介護者に対して適切に保健医療サービス・福祉サービスを提供するため，介護保険制度や介護サービス・介護保険施設に関する規制などを定めた法律です。要介護認定を受けた人は，一定の範囲で介護支援サービスを利用できます。
児童福祉法	児童が良好な環境において生まれ，かつ，心身ともに健やかに育成されるよう，保育，母子保護，児童虐待防止対策を含むすべての児童の福祉を支援するための制度等を規定する法律です。
身体障害者福祉法	身体障害者の福祉の増進を図るための法律です。同法に定められた障害に該当し，身体障害者手帳の交付を受けると，障害の等級に応じた様々なサービスを受けることができます。
老人福祉法	高齢者の生活安定のために必要な措置を行い，福祉を図るための法律です。高齢者福祉を管轄する施設，機関，事業について定めています。

表2-3　知的財産法に位置付けられる主要な法律

法律名	概要
特許法	発明の保護と利用を図ることにより，発明を促し，産業の発展に貢献することを目的とする法律です。発明を特許と認めてもらうための要件・手続や，特許権の効力，特許権が侵害された場合の法律関係等について規定しています。
実用新案法	考案に関する事柄を規定する法律です。特許制度は技術的に高度な発明を保護の対象としていますが，必ずしも技術的に高度ではない小発明ともいうべきものが「考案」です。
意匠法	意匠（デザイン）の保護と利用を図ることにより，意匠の創作を促し，産業の発展に貢献することを目的とする法律です。意匠の登録に関する要件・手続や，意匠権の効力，意匠権が侵害された場合の法律関係について規定しています。
商標法	商標（商品やサービスに付されるロゴやマーク）の使用をする者に独占的な使用権（商標権）を与えることにより，業務上の信用の維持を図って産業の発達に寄与するとともに，顧客の利益を保護することを目的とする法律です。商標の登録に関する要件・手続や，商標権の効力，商標権が侵害された場合の法律関係について規定しています。
著作権法	著作物などに関する著作者等の権利を保護するための法律です。著作権の内容，著作権等が侵害された場合の紛争処理のルール等を規定しています。

当なものとして認められるとき（法的確信）には，国家間の合意ではなく国際慣習法が成立し，国際社会のすべての国家を拘束します。

　国際法も法律学の一分野であるため，その学習には，他の法律と同様に，法的な物事の考え方が必要です。ただし，国際法は，わが国の憲法や法律の適用を受けるわけではありません。また法に違反した場合の手続（紛争処理）も大きく異なります。

⑨**国際私法**　　国際私法とは，国際結婚や貿易取引など複数の国にまたがる私人間の法律問題（＝渉外的法律問題）を扱う法律分野です。渉外的法律問題については国際的な裁定を行う共通の裁判所があるわけではなく，各国の裁判所で解決がされるので，日本では日本の，外国では外国の国際私法が適用されます。

　国際公法が国家や国際組織を主体とする主権を中心として，外交関係，武力行使，領域などの問題を扱うのに対して，国際私法は，私人や企業を主体とする権利義務や法律関係，つまり，契約，不法行為，婚姻，親子，相続などの私法的問題についていずれの国の法が適用されるか，また，どこの国で裁判を行うか，などの問題を学びます。

(2) 法の性質による分類

①**公法と私法との分類**　　公法とは，国家統治権の発動にかかわる国家や地方公共団体の組織や活動に関する法です。公法に分類されるものとして，憲法のほか，国家行政組織法，国家公務員法，地方自治法，都市計画法などの行政法，刑法，軽犯罪法などの刑事法，刑事訴訟法等があります。

　一方，私法は，国家統治権の発動にかかわらない私的な生活関係を規律する法です。民法，商法，借地借家法，信託法などが私法に分類されます。なお，民事訴訟法等の民事に関する手続法について，裁判手続という公的なものを規定しているため，公法と扱うか，司法として扱うかについて，見解の分かれるところです。

　公法と私法の区別の基準については，公益か私益かいずれの保護を目的とするかで区別する利益説・目的説，法律関係の主体が国家または公共団体かそれとも私人かによって区別する主体説，法律関係において，一方が優越的な立場に立つか，双方が対等の立場に立つかによって区別する法律関係説・権力説など種々の学説があります。(5)大日本帝国憲法の下では，行政事件を専門に扱う行政裁判所が

設置されていたため，事件を行政裁判所で扱うか通常の裁判所で扱うかを決するために，公法，私法の区別の必要性がありました。しかし，日本国憲法の下で，行政裁判所は廃止されため，公法と私法を厳密に区分する利益もあまりありません。

②実体法と手続法　　実体法とは，法律関係や権利義務関係の発生，消滅等について定めた法律です。民法，商法，刑法等がこれに含まれます。

　一方，手続法は，法律関係や権利義務関係等を実現するための手続について規定する法律です。民事訴訟法，刑事訴訟法，行政事件訴訟法等を挙げることができます。

③特別法と一般法　　特別法とは，①特別の人だけが適用を受けるもの，②特別の法律関係についてだけ適用を受けるもの，③法特別な場所においてだけ適用されるものなどについて，特別なルールを規定している法律です。これに対して，一般的なルールを規定している法律が一般法です。一般法と特別法との規定が重複して特定の事項について規定している場合には，特別法が優先して適用されます（特別法優先の原則）。

　民法と消費者契約法との関係でいえば，民法が一般法であり，消費者と事業者との契約関係のルールを定めた消費者契約法は特別法となります。民法96条1項では「詐欺又は強迫による意思表示は，取り消すことができる」と規定されています。この規定を反対解釈すると，詐欺又は強迫に当たらない限り，意思表示を取り消すことはできないことになります。一方，消費者契約法4条3項では，消費者は，事業者が消費者契約の締結について勧誘をするに際し，消費者の住居から立ち去らない，消費者に対して進学，就職，結婚等の不安をあおる等の行為をしたことにより困惑し，それによって契約の申込み又は承諾の意思表示をしたときは取り消すことができるとされています。このように取消のできる場合が異なるのですが，消費者と事業者との間の契約に関しては，特別法である消費者契約法が適用されることになります。

④強行規定と任意規定　　法律の規定には，強行規定と任意規定とがあります。

---

(5)　田中成明『法学入門（新版）』（有斐閣，2016年）25頁。

強行規定は，当事者の意思にかかわらず適用される規定です。一方，任意規定は，当事者の意思が示されていれば，その意思が法律の規定よりも優先されて，当事者の意思が示されてない場合に補充的に適用される規定です。一般的に公法の大部分が強行規定で，私法の大部分が任意規定です。

　強行規定と任意規定の区別については，条文の内容を踏まえて判断しなければなりません。たとえば民法の債権論部分の法律は大部分，任意規定に属します。なぜならば，債権はあくまでも当事者間の意思表示の合致によって成立します。そして，その効果も当事者以外の人には影響を及ぼさないために，法律の規定よりも当事者の意思を優先するのです。しかし，民法の中でも物権法に関する規定は強行規定に属するものが多いのです。なぜならば，物権というのは絶対的排他的権利で世の中の誰に対しても主張できる強力な権利だからです。特定の当事者の意思表示で「絶対的排他的権利」の内容を変えることができるとすると，その効力が当事者以外の人にも及ぶことになり，第三者の利益を害することになりかねません。

　また債権に関する規定でも，場合によっては強行規定のときもあります。たとえば，民法 404 条 1 項では「利息を生ずべき債権について別段の意思表示がないときは，その利率は，その利息が生じた最初の時点における法定利率による」と規定されています。条文からも分かるように「別段の意思表示」があれば，それが優先することになるため，この規定は任意規定といえます。一方，利息制限法 1 条「金銭を目的とする消費貸借における利息の契約は，その利息が次の各号に掲げる場合に応じ当該各号に定める利率により計算した金額を超えるときは，その超過部分について，無効とされます。

①元本の額が 10 万円未満の場合　年 2 割
②元本の額が 10 万円以上 100 万円未満の場合　年 1 割 8 分
③元本の額が 100 万円以上の場合　年 1 割 5 分

つまりこの規定は強行規定であり，いくら当事者の意思表示があっても，この規定に反することはできません。

(3) 成文法の形式的効力関係
①**法令間の関係**　　わが国の成文法として，憲法，条約，法律等がありますが，

それぞれの法が抵触した場合，どちらが優先するかということを，成文法の形式的効力関係といいます。

❶日本国憲法　日本国憲法は，国の最高法規であり，その条規に反する法律，命令，詔勅及び国務に関するその他の行為の全部又は一部は，その効力を有しないとされています（98条1項）。

❷条約　条約は本来，国際法上の法形式ですが，日本国憲法では，日本国が締結した条約及び確立された国際法規は，これを誠実に遵守することを必要とするとしています（98条2項）。条約には自動執行条約と非自動実施条約とがありますが，自動執行条約は国内法として効力を有することになるため，憲法と条約との効力関係が問題となります。この点について，学説は，憲法優位説と条約優位説に分かれていますが，憲法優位説が通説的地位を占めています。憲法優位説の根拠としては，条約締結権は憲法によって内閣に与えられた権限である（73条3号）から，それによって締結された条約が憲法に優位し，実質的に憲法を変更できるとするのは，法理論的に合理的でない等を理由とします。一方，条約優位説は，憲法が国際協調主義をとっていること（前文等），98条2項が条約を誠実に遵守することを必要とすると規定していることなどを理由とします。

また，条約と法律との関係については，条約は国際的な取決めであり，憲法が，条約の締結における国会の承認や条約の誠実な遵守を求めている（73条3号ただし書，98条2項）ことから，条約は法律に優位すると解する点で学説はほぼ一致しています。

このように成文法の形式的効力関係は，憲法を最高規範とし，以下，条約⇒法律⇒命令⇒条例と，一般的に考えられています。下位の法は上位の法に違反することができず，両者が抵触した場合には上位の法が優先することになります。

❸法律　法律は，国権の最高機関である国会の議決によって成立する（日本国憲法59条1項）法形式であり，憲法に次ぐ強い形式的効力を有するとされています。

❹命令　法源としての命令は，行政機関によって制定される法規であり，政令，内閣府令・省令等があります。命令の形式的効力は，法律より下位とされます。なお，政令と内閣府令及び省令の効力関係は，内閣府令及び省令が法律若しくは政令を施行するため，又は法律若しくは政令の委任に基づいて制定されるものであることから，政令が内閣府令及び省令に優位するとされます（国家行政組織法12条1項，内閣府設置法7条3項）。

地方自治法に従うと	本来の憲法解釈？
憲　法 法　律 政　令 条　例	憲　法 法　律 ⎫ 条　例 ⎬ 民主的基盤＝強 政　令 ◀ 民主的基盤＝弱

図2-2　法令と条例の形式的効力関係

❺**条例**　　条例は，日本国憲法において「法律の範囲内で条例を制定することができる」と定められています (94条)。一方，地方自治法14条1項では「法令に違反しない限りにおいて条例を制定することができる」と規定されています (14条1項)。憲法94条では「法律」と，地方自治法14条1項では「法令」と，異なる規定がなされています。一般的には，地方自治法14条1項の「法令」とは，法律及びその委任に基づく政令であるとして，地方自治法14条1項は，実質的には，憲法94条と同趣旨の規定であると解されています。そのため，条例は，法律及び命令 (法令) よりも，形式的効力は下位であると解されています。

　この解釈は，そもそも以下のような理解から導かれていました。つまり，地方公共団体は行政機関であると解されており，その内部機関である地方公共団体の議会も行政機関であると解されており，地方公共団体が定める条例は，しばしば政令・省令等と並び「行政立法」の一種として説明されてきました⁽⁶⁾。そのため，命令と条例は，いずれも行政立法であり，その効力関係は，国家としての統一性の観点から命令が条例に優位するものと解されてきたのです。しかし，今日では，地方公共団体の議会は立法機関であると解されるようになってきています。国会及び地方公共団体の議会は，いずれも直接公選による強い民主的正当性を有する機関であり，その機関の議決を経て定められた法律と条例は同等の効力を有すると解するのが合理的です。これに対して行政機関は，民主的基盤の弱い組織だといえます。この民主的基盤の強弱という視点から考えるならば，政令の形式的効力は，条例に劣ると解するべきだと考えます (図2-2)。

②同一法規範間の効力関係　　法律と法律との間や条例と条例との間のような，同一の法規範の間の効力関係は，「特別法優先の原則」に基づき特別法は一般法に優先し，「後法優越 (優先) の原則」に基づき，後法は前法に優先します。この

---

(6)　田中二郎『行政法上巻 (新版全訂第2版)』(有斐閣，1980年) 159頁。

「後法優越（優先）の原則」は，「後法は前法を破る」と表現されることもあります。この原則は，後に制定された法律の方が，法律が適用される時点の立法者の意思をより反映しているため，後法を優先するのです。同様の考え方は，遺言に関して「前の遺言が後の遺言と抵触するときは，その抵触する部分については，後の遺言で前の遺言を撤回したものとみなす」とする規定にも表れています（民法1023条1項）。

第3章

法の適用プロセス

1 私法における法律関係

(1) 水　　道

みなさんは，毎日のように水道の水を使っていると思います。ところで，どのような法的根拠に基づいて，水道は供給されるのでしょうか。

水道法15条1項では「水道事業者は，事業計画に定める給水区域内の需要者から給水契約の申込みを受けたときは，正当の理由がなければ，これを拒んではならない」とされています。つまり，水道は給水契約に基づいて供給されているのです。ただし，この給水契約については，水が生活に不可欠のものであることから，契約自由の原則は排除されており，水道事業者は，原則として，契約を締結を拒むことはできないのです。また，同条2項では「水道事業者は，当該水道により給水を受ける者に対し，常時水を供給しなければならない」と規定されています。これも水が生活に不可欠のものであるため，常時給水義務が規定されているのです。このような法律に基づいて，みなさんは，いつでも水道の水を飲むことができるのです。

でもひょっとして「常時水を供給しなければならないとされているのに，先日，うちの地区は断水したよ」なんて思っている人もいるかもしれません。その点について，同条2項ただし書は，「災害その他正当な理由があつてやむを得ない場合には，給水区域の全部又は一部につきその間給水を停止することができる。この場合には，やむを得ない事情がある場合を除き，給水を停止しようとする区域及び期間をあらかじめ関係者に周知させる措置をとらなければならない」と規定

しています。

　ところでこの水道事業者とは，誰なのでしょうか。この法律の6条2項に「水道事業は，原則として市町村が経営するものとし，市町村以外の者は，給水しようとする区域をその区域に含む市町村の同意を得た場合に限り，水道事業を経営することができるものとする」と規定されています。つまり，水道事業者とは原則として市町村なのです。ただし，市町村の同意を得た場合には民間企業等も水道事業者になれるのです。たとえば，宮城県は，2022年4月1日から民間企業が水道事業者になっています。

【水道法】

（給水義務）

第十五条　水道事業者は，事業計画に定める給水区域内の需要者から給水契約の申込みを受けたときは，正当の理由がなければ，これを拒んではならない。

2　水道事業者は，当該水道により給水を受ける者に対し，常時水を供給しなければならない。ただし，第四十条第一項の規定による水の供給命令を受けた場合又は災害その他正当な理由があつてやむを得ない場合には，給水区域の全部又は一部につきその間給水を停止することができる。この場合には，やむを得ない事情がある場合を除き，給水を停止しようとする区域及び期間をあらかじめ関係者に周知させる措置をとらなければならない。

3　（略）

---

(2) 鉄道やバス

　通学に鉄道やバスを利用している人も多いと思います。定期券やICカードで電車やバスに乗るのはどのような法律関係なのでしょうか。

　鉄道やバスの利用については，運送契約に基づいています。つまり，鉄道会社等が皆さんを運送することを約束して，その対価として皆さんが運送賃を支払う契約に基づいて，鉄道やバスを利用しているのです。「契約といってもどんな内容の契約か分からない」と思う人もいるかもしれません。契約内容を乗客にすべて説明することはできないため，実際には，運送事業者が「運送条件」を，事前に一定の場所に公告し，旅客はこの条件を了解しているとの前提で，鉄道やバス

を利用しているのです。このように定型的な内容の取引条項を記載し，公告したものを「約款」といいます。鉄道各社の「運送約款」は，駅の事務所で閲覧することができます。

約款については民法第3編債権，第2章契約，第1節総則，第5款定型約款（第548条の2～第548条の4）に規定があります。

鉄道会社等は，皆さんを運送する債務を負っているため，もし事故があり不幸にして皆さんが怪我をしてしまった場合には，鉄道会社等が損害賠償責任を負うことになります（商法590条）。ただし，事故などにより列車が運転できない場合や列車が遅れた場合については，鉄道会社等は約款において損害を負わない旨の規定を置いているのが一般的です。

なお，商法591条では「旅客の生命又は身体の侵害による運送人の損害賠償の責任（運送の遅延を主たる原因とするものを除く。）を免除し，又は軽減する特約は，無効とする」と規定しています。つまり，旅客の生命又は身体の侵害による運送人の損害賠償の責任を免除又は軽減する特約は無効ですが，運送の遅延を主たる原因とする場合はその損害賠償の責任を免除又は軽減する約款も有効だということです。

【商法】
（旅客運送契約）
第五百八十九条　旅客運送契約は，運送人が旅客を運送することを約し，相手方がその結果に対してその運送賃を支払うことを約することによって，その効力を生ずる。
（運送人の責任）
第五百九十条　運送人は，旅客が運送のために受けた損害を賠償する責任を負う。ただし，運送人が運送に関し注意を怠らなかったことを証明したときは，この限りでない。
（特約禁止）
第五百九十一条　旅客の生命又は身体の侵害による運送人の損害賠償の責任（運送の遅延を主たる原因とするものを除く。）を免除し，又は軽減する特約は，無効とする。
2　（略）

(3) 大学の在学

　最後に大学生の皆さんが，大学に対して授業料を支払い，授業を受けることについて，法的に考察してみましょう。この点については，最判平成18年11月27日最高裁判所民事判例集60巻9号3437頁は，次のように判示しています。

> 　大学（短期大学を含む。以下同じ。）は，学術の中心として，広く知識を授けるとともに，深く専門の学芸を教授研究し，知的，道徳的及び応用的能力を展開させること等を目的とする（学校教育法52条，69条の2第1項）ものであり，大学を設置運営する学校法人等（以下においては，大学を設置運営する学校法人等も「大学」ということがある。）と当該大学の学生（以下においては，在学契約又はその予約を締結したがいまだ入学していない入学試験合格者を含めて「学生」ということがある。）との間に締結される<u>在学契約は，大学が学生に対して，講義，実習及び実験等の教育活動を実施するという方法で，上記の目的にかなった教育役務を提供するとともに，これに必要な教育施設等を利用させる義務を負い，他方，学生が大学に対して，これらに対する対価を支払う義務を負うことを中核的な要素とするものである。</u>また，上記の教育役務の提供等は，各大学の教育理念や教育方針の下に，その人的物的教育設備を用いて，学生との信頼関係を基礎として継続的，集団的に行なわれるものであって，在学契約は，学生が，部分社会を形成する組織体である大学の構成員としての学生の身分，地位を取得，保持し，大学の包括的な指導，規律に服するという要素も有している。このように，在学契約は，複合的な要素を有するものである上，上記大学の目的や大学の公共性（教育基本法6条1項）等から，教育法規や教育の理念によって規律されることが予定されており，取引法の原理にはなじまない側面も少なからず有している。以上の点にかんがみると，在学契約は，有償双務契約としての性質を有する私法上の無名契約と解するのが相当である。

　つまり，在学契約は，大学が学生に対して教育役務を提供するとともに，これに必要な教育施設等を利用させる義務を負い，他方，学生が大学に対して，これらに対する対価を支払う義務を負うことを中核的な要素とする有償双務契約としての性質を有する私法上の無名契約であるとしているのです。
　有償双務契約とは，当事者双方が互いに経済的な支出を行う契約です。その最

たる例が売買契約です。売り手は「商品」という経済的な価値のある財産を支出し，買い手は対価として「現金」を支出します。

　次に，無名契約の意味ですが，契約の一般法である民法に名称や内容が規定されていない契約類型を無名契約又は非典型契約といいます。一方，民法に規定されている，売買契約等の13種類の契約は有名契約又は典型契約といいます。

　ところで，国立大学においても在学関係は契約なのでしょうか。この点について，札幌地判平成29年12月26日（裁判所ウェブサイト）は，国立大学法人北海道大学における在学関係についても在学契約として判示しています。

2　公法における法律関係

(1) 鉄道運賃

　鉄道の利用が運送契約であり，他の契約と同様に双方の意思の合致によって成立するならば，圧倒的に強い立場の鉄道会社がとても高い値段を設定することも可能です。それでも公共交通機関を利用しなければならない場合には，会社の言い値で鉄道を利用しなければならなくなる可能性があります。しかし，それでは市民生活に支障が生じることがあります。そのため，鉄道運送事業者は，旅客の運賃及び国土交通省令で定める旅客の料金（特急料金等）の上限を定め，国土交通大臣の認可を受けなければならないとされています（鉄道事業法18条1項）。鉄道料金は極めて公共性が高いため，国土交通大臣が後見的に関与し，能率的な経営の下における適正な原価に適正な利潤を加えたものを超えないものであるかどうかを審査して認可を行うこととされているのです（同条2項）。路線バスや乗合タクシー等の料金についても，同様の規定がなされています（道路運送法9条）。

【鉄道事業法】

（旅客の運賃及び料金）

第十六条　鉄道運送事業者は，旅客の運賃及び国土交通省令で定める旅客の料金（以下「旅客運賃等」という。）の上限を定め，国土交通大臣の認可を受けなければならない。これを変更しようとするときも，同様とする。

2　国土交通大臣は，前項の認可をしようとするときは，能率的な経営の下

における適正な原価に適正な利潤を加えたものを超えないものであるかどうかを審査して，これをしなければならない。
3　鉄道運送事業者は，第一項の認可を受けた旅客運賃等の上限の範囲内で旅客運賃等を定め，あらかじめ，その旨を国土交通大臣に届け出なければならない。これを変更しようとするときも，同様とする。
4〜9　（略）

(2) 飲食店の営業許可

　皆さんが飲食店で安心して飲食をすることができるように，飲食店を営業しようとする者は，知事，保健所を設置している市の市長又は特別区の区長の許可を受けなければなりません（食品衛生法55条1項）。55条1項には，「都道府県知事の許可」って書いてあるじゃないかと思う人もいるかもしれません。それは条文をよく見た素晴らしい気付きです。その答えは，76条にあります。76条では「「都道府県知事」とあるのは，保健所を設置する市又は特別区にあつては，「市長」又は「区長」とする」と読み替えているのです。

　なお，許可申請を受けた知事や市長は，公衆衛生の見地から必要な基準を満たす場合には原則として許可をしなければならないとされています（同条2項）。

　もし無許可で営業した場合には，2年以下の懲役又は200万円以下の罰金に処されます（同法82条1項）。これによって，法律の実効性を確保し，公衆衛生の見地から必要な基準を満たしている飲食店だけが営業をすることになります。食品衛生法は，このような仕組みで国民の健康，安全を守っているのです。

【食品衛生法】

第五十四条　都道府県は，公衆衛生に与える影響が著しい営業（食鳥処理の事業を除く。）であつて，政令で定めるものの施設につき，厚生労働省令で定める基準を参酌して，条例で，公衆衛生の見地から必要な基準を定めなければならない。

第五十五条　前条に規定する営業を営もうとする者は，厚生労働省令で定めるところにより，都道府県知事の許可を受けなければならない。

②　前項の場合において，都道府県知事は，その営業の施設が前条の規定に

よる基準に合うと認めるときは，許可をしなければならない。ただし，同条に規定する営業を営もうとする者が次の各号のいずれかに該当するときは，同項の許可を与えないことができる。

一　この法律又はこの法律に基づく処分に違反して刑に処せられ，その執行を終わり，又は執行を受けることがなくなつた日から起算して二年を経過しない者

二　第五十九条から第六十一条までの規定により許可を取り消され，その取消しの日から起算して二年を経過しない者

三　法人であつて，その業務を行う役員のうちに前二号のいずれかに該当する者があるもの

③　都道府県知事は，第一項の許可に五年を下らない有効期間その他の必要な条件を付けることができる。

第八十二条　（略）又は第五十五条第一項（略）の規定に違反した者は，二年以下の懲役又は二百万円以下の罰金に処する。

②　（略）

第七十六条　（略）第五十五条（略）中「都道府県知事」とあるのは，保健所を設置する市又は特別区にあつては，「市長」又は「区長」とする。ただし，政令で定める営業に関する政令で定める処分については，この限りでない。

第 4 章

法の制定過程

1 法律の制定過程

(1) 国の唯一の立法機関

　国会は，国の「唯一」の立法機関とされています（日本国憲法41条）。この規定から，国会中心立法の原則と国会単独立法の原則が導かれます。国会中心立法の原則とは，国会のみが立法権を独占するという原則です。一方，国会単独立法の原則とは，国会は，他の国家機関の関与なしに，単独で立法を行うことができるという原則です。ただし，この「立法」とは，何を意味するかについては，憲法学説において争いがあります。

　内閣法 5 条において，内閣総理大臣は内閣を代表して法律案，予算その他の議案を国会に提する旨を規定し，内閣に法律案提出権を認めていますが，国会を「唯一」の立法機関とする憲法41条との関係が問題となります。この点に関して，法律案の提出は「立法」に含まれ国会以外の機関に法律案の提出を認めることはできないとする見解もありますが，通説的見解は，以下の理由から憲法に抵触しないものと解しています⁽¹⁾。①内閣総理大臣は，内閣を代表して議案を国会に提出する（憲法72条前段）とされているが，この議案には法律案も含まれると解されること，②議院内閣制の下では国会と内閣の協働が要請されていること，③国会は法律案を自由に修正，否決することができること。

　国会単独立法の原則にも例外はあります。一の地方公共団体のみに適用される

---

(1)　芦部信喜『憲法』第 8 版（有斐閣，2023 年）321 頁。

特別法（地方自治特別法）は，法律の定めるところにより，その地方公共団体の住民の投票においてその過半数の同意を得なければ，国会は，これを制定することができません（日本国憲法 95 条）。

> ●地方自治特別法の実例
>
> 　地方自治特別法の実例としては，広島平和記念都市建設法（昭和 24 年法律第 219 号），首都建設法（昭和 25 年法律第 219 号）等 15 の法律がありますが，いずれも 1949 年から 1951 年にかけて制定されたものです。
>
> 　これらの法律は，いずれも国が各種の財政的援助を与えることを主たる内容とするもので，地方公共団体の組織や権限について特別の規定を設けるものではなく，実質的には，住民投票で決める必要のない法律であったとも解されています。

(2) 国会に提出される法律案の種類

　法律案を提出できるのは，国会議員（衆議院議員，参議院議員，両院の委員会等）と内閣です。法律案が国会に提出されると，内閣が提出した法律案は「閣法」と，衆議院の議員等が提出した法律案は「衆法」と，参議院の議員等が提出した法律案は「参法」と呼ばれます。提出された国会の会期ごとに，閣法，衆法，参法ごとに提出順に番号が付されます。

(3) 国会提出までの手続

【内閣からの提出による法律案の場合】

①**法律案の原案作成**　　内閣が提出する法律案の原案の作成は，それを所管する各省庁において行われます。たとえば，医療に関する法律案については厚生労働省において，教育に関する法律案については文部科学省において，法律案の原案が作成されます。

②**内閣法制局における審査**　　内閣が提出する法律案については，閣議に付される前に，すべて内閣法制局における審査が行われます。内閣法制局における審査は，主管省庁で立案した原案に対して，①憲法や他の現行の法制との関係，立法内容の法的妥当性，②立案の意図が，法文の上に正確に表現されているか，③条

文の表現及び配列等の構成は適当であるか，④用字・用語について誤りはないか，というような点について，法律的，立法技術的にあらゆる角度から検討されます。

●内閣法制局

　内閣法制局は，内閣に置かれている機関です（内閣法制局設置法１条）。法制的な面から内閣を補佐し，閣議に付される法律案，政令案及び条約案の審査や法令の解釈などの任務に当たっています。

　内閣法制局の主な業務として①法律問題に関し内閣並びに内閣総理大臣及び各省大臣に対し意見を述べるという事務（同法３条３号。いわゆる意見事務）及び②閣議に付される法律案，政令案及び条約案を審査するという事務（同条１号。いわゆる審査事務）とがあります。

　なお，内閣法制局には，第１部から第４部までの部及び長官総務室が置かれています（同法４条）。意見事務は第１部で，審査事務は第２部，第３部及び第４部で行われています。また，人事，予算，会計等の事務は長官総務室で行われています。

③国会提出のための閣議決定　　閣議請議（各大臣が内閣総理大臣に対して閣議を求める手続）された法律案については，異議なく閣議決定が行われると，内閣総理大臣からその法律案が国会（衆議院又は参議院）に提出されます。衆議院に提出するか，あるいは参議院に提出するかについては，特に規定されていませんが，多くの場合は衆議院に提出されます。

●閣議

（1）意義

　内閣は，「国会の指名に基づいて任命された首長たる内閣総理大臣及び内閣総理大臣により任命された国務大臣」によって構成される合議体です（内閣法２条）。そして，「内閣がその職権を行うのは，閣議によるもの」とされています（同法４条）。つまり，内閣としての意思決定は，閣議によって行うこととされているのです。

（2）閣議の構成員等

閣議は，内閣の構成員である内閣総理大臣及びその他の国務大臣で構成されます。なお，閣議の案件について説明を行ったり，閣議運営上の庶務に従事したりする等のために，内閣官房副長官（政務担当と事務担当）と内閣法制局長官が陪席します。

【議員等からの提出による法律案の場合】

議員が法律案を含む議案を発議するには，①衆議院においては20人以上（予算を伴う法律案については，50人以上）の賛成者が，②参議院においては10人以上（予算を伴う法律案については，20人以上）の賛成者が必要とされています（国会法56条1項）。

また，委員会は，その所管に属する事項に関し，法律案を提出することができます（同法50条の2第1項）。この法律案については，委員長を提出者とすることとされています（同条2項）。

衆参両議院にも法制局が置かれています。しかし，内閣法制局とは異なり，議員等が提案する議案を審査するのではなく，議員の立法活動を補佐する役割を担っているといえます。

●衆議院法制局及び参議院法制局

衆議院法制局及び参議院法制局は，衆議院議員及び参議院議員，それぞれの立法活動を法制的側面から補佐する組織です。

職務は，具体的には，①衆議院議員が提案者になる法律案（いわゆる議員立法）の立案や，②法律案に対する修正案の立案のほか，③それらの法律案・修正案の国会審議の際の答弁の補佐，④さらにはその他一切の法律問題に関するアドバイスなどです。

【国会法】

第百三十一条　議員の法制に関する立案に資するため，各議院に法制局を置く。

② 各法制局に，法制局長一人，参事その他必要な職員を置く。

③ 法制局長は，議長が議院の承認を得てこれを任免する。但し，閉会

中は，議長においてその辞任を許可することができる。
④　法制局長は，議長の監督の下に，法制局の事務を統理する。
⑤　法制局の参事その他の職員は，法制局長が議長の同意及び議院運営委員会の承認を得てこれを任免する。
⑥　法制局の参事は，法制局長の命を受け事務を掌理する。

(4) 国会における審議

①委員会における審査　　法律案が提出されると，議長はその法律案を所管する委員会に付託します。委員会では，提出議員や担当大臣から提案理由の説明を聴取した後，各委員が，提出議員，国務大臣その他の政府関係者などに一問一答の形式で質疑を行います。

委員会では，必要に応じ，参考人を招いて意見を聴くこともあります。重要な法律案については，一般の利害関係者や学識経験者などの公述人を招いて意見を聴く公聴会が開かれることもあります。

質疑終了後，討論による各会派の賛否表明に続き採決が行われます。

②本会議での審査　　委員会の審査を終了した法律案は，本会議に上程されます。本会議においては，その法律案を審査した委員会の委員長が委員会審査の経過及び結果を報告し，場合によっては質疑や討論を行った後，採決を行って可否を決します。

最初の議院の審議が終わった法律案は，もう一方の議院に送られ，同じように委員会の審査，本会議の審議が行われ，両議院で可決したとき法律となります(日本国憲法 59 条 1 項)。

法律案は，審議の過程で修正されたり，否決されたりすることもあります。そのため，衆議院が可決し，参議院でこれと異なった議決をすることもあります。この場合，衆議院が議決した法律案は，衆議院で出席議員の 3 分の 2 以上の多数で再び可決したときは，法律となります (同条 2 項)。また，参議院が，衆議院の可決した法律案を受け取つた後，国会休会中の期間を除いて 60 日以内に，議決しないときは，衆議院は，参議院がその法律案を否決したものとみなし，再可決により法律を成立させることができます (同条 4 項)。

(5) 法律の成立と公布

　法律案は，憲法に特別の定めのある場合を除いて，衆議院及び参議院の両議院で可決したとき法律となります（日本国憲法59条1項）。後の議決をした院の議長から，また衆議院の議決が国会の議決となった場合には衆議院議長から，内閣を経由して奏上（天皇に判断を仰ぐために，口頭，文書で申し上げること）し（国会法65条1項），奏上の日から30日以内に公布しなければなりません（国会法66条）なお，憲法改正，法律，政令及び条約の公布は，天皇の国事行為とされ，内閣の助言と承認により行われます（日本国憲法7条）。

　法律の公布は，公布のための閣議決定を経た上，官報に掲載されることによって行われます。この官報掲載による法律の公布という扱いは，いわば慣例によるものであり，実は，法律の公布方法についての法的根拠は存在しません。なお，最高裁は，官報掲載によって行うことを相当としています。

【最大判昭和32年12月28日刑集11巻14号3461頁】

　成文の法令が一般的に国民に対し現実にその拘束力を発動する（施行せられる）ためには，その法令の内容が一般国民の知りうべき状態に置かれることが前提要件とせられるのであつて，このことは，近代民主国家における法治主義の要請からいつて，まさにかくあるべきことといわなければならない。わが国においては，明治初年以来，法令の内容を一般国民の知りうべき状態に置く方法として法令公布の制度を採用し，これを法令施行の前提要件として来たことは，明治初年以来の法制を通じ窺えるところであり，現行制度の下においても同様の立前を採用していることは，日本国憲法7条1号が，法律，政令等の公布について規定を置いているところから知ることができ，またこの公布行為が，国家の行為とされていることも，公布を天皇の国事行為の一として定めた日本国憲法の前記条項によつて明らかである。(略) 特に国家がこれに代わる他の適当な方法をもつて法令の公布を行うものであることが明らかな場合でない限りは，法令の公布は従前通り，官報をもつてせられるものと解するのが相当であつて，たとえ事実上法令の内容が一般国民の知りうる状態に置かれえたとしても，いまだ法令の公布があつたとすることはできない。

(6) 法律の施行

　法律の効力が一般的，現実的に発動し，作用することになることを施行といいます。公布された法律がいつから施行されるかについては，①当該法律の附則で確定日として施行期日を定めるものと，②他の法令にその定めを委ねるものとがあります。いつからその法律が動き出すかということは，特に国民の権利義務に直接影響のある法律の場合には非常に重要な事項ですから，本来は①をとることが望ましいといえます。しかし，一方では，法律の執行の便宜にも配慮する必要があることから，②の方法がとられることも多くあります。ただ，この場合にも，白紙委任ではなく，「この法律は，公布の日から起算して〇月（〇年）を超えない範囲内において政令で定める日から施行する。」という形で委任されます。

【施行期日に関する附則の例】
　　　　附　則
（施行期日）
第一条　この法律は，公布の日から施行する。ただし，第四章から第六章まで及び附則第二条から第六条までの規定は，公布の日から起算して二年を超えない範囲内において政令で定める日から施行する。

　法律には，公布の際に，暦年ごとの番号が付けられます。これを法律番号といいます。たとえば，令和2年に最初に成立した地方交付税法及び特別会計に関する法律の一部を改正する法律の法律番号は「令和2年法律第1号」となります。

●法律？政令？
　六法等で「出入国管理及び難民認定法」を調べてみてください。法令番号は「昭和二十六年十月四日政令第三百十九号」となっています。「法律なのに政令？」と疑問を持つ人が多いと思いますが，決して間違えではありません。
　これは，いわゆるポツダム命令といわれるものです。第2次大戦終結の際にわが国はポツダム宣言を受諾して，連合国の占領下に置かれました。そ

の際,「ポツダム宣言の受諾に伴い発する命令に関する件」(昭和 20 年勅令 542号) という勅令が発せられました。この勅令は，ポツダム緊急勅令といわれています。

　この勅令において，政府がポツダム宣言の受諾に伴い連合国最高司令官のなす要求事項を実施するために特に必要がある場合には，命令をもって所要の定めをし，かつ，罰則を定めることができると定められていました。つまり，国民に対して義務を課すことについて，命令で定めることができるとされていたのです。

　ポツダム緊急勅令自体は，平和条約の最初の効力発生の日 (昭和 27 年 4 月28 日) に廃止されましたが，ポツダム緊急勅令に基づいて発せられた命令(一般的に「ポツダム命令」といわれています) は，法律によって廃止されたものもありますが，法律としての効力を有するものもあるのです。この「出入国管理及び難民認定法」は，もともと「出入国管理令」という題名で制定されたものですが，昭和 56 年に現在の題名に改正されています。

　なお，ポツダム命令の中で，現在も法律としての効力を有するものに,「物価統制令」(昭和 21 年勅令第 118 号),「学校施設の確保に関する政令」(昭和 24年政令第 34 号) があります。

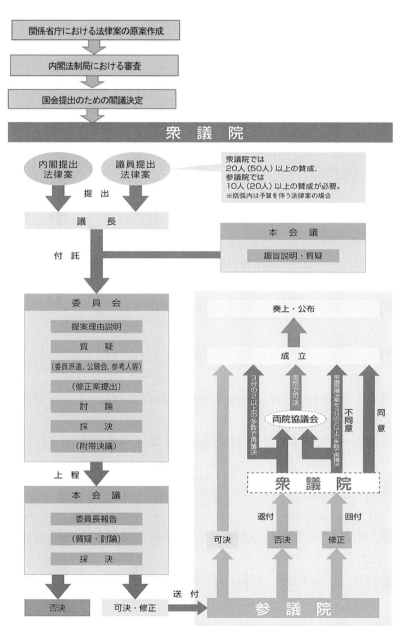

（出所）衆議院ホームページ資料をもとに著者が加筆。

図 4-1　法律案の原案作成から交付まで（衆議院先議の場合）

2 条例の制定過程

(1) 条例案の提案

地方公共団体の議会における条例の提案権は，長（地方自治法 149 条 1 号），議会の議員（同法 112 条 1 項），議会の委員会（同法 109 条 6 項）が有しています。ただし，議員については，議員の定数の 12 分の 1 以上の者の賛成がなければ提出することができません（同法 112 条 2 項）。

このように条例案の提案権は，長，議会の議員及び議会の委員会が有しています。しかし，長と議会のそれぞれが組織編成権を有することから，次のように長あるいは議員等のいずれかに提案権が専属するものがあると解されています。

【提案権が長に専属するもの】
・都道府県の支庁・地方事務所，市町村の支所・出張所の設置に関する条例（同法 155 条）
・都道府県の部局，市町村の部局に関する条例（同法 158 条）　等
【議会の議員及び委員会に専属するもの】
・議会の常任委員会，議会運営委員会，特別委員会の設置に関する条例（同法 109 条）
・市町村の議会事務局の設置に関する条例（同法 138 条）　等

(2) 議会における審議

議会に提出された議案は，通常，常任委員会に付託され，委員会で実質的な審議を行います。委員会での採択を経て本会議に戻され，議会としての議決は本会議でなされます。本会議では，議事は出席議員の過半数（議長を除く）でこれを決し，可否同数のときは，議長の決するところによります（同法 116 条）。

(3) 議決から施行

条例の制定又は改廃の議決がされると，議長は，議決の日から 3 日以内に地方公共団体の長に送付しなければなりません（同法 16 条 1 項）。長は，この送付を受

けた場合，その日から 20 日以内にこれを公布しなければなりません（同条 2 項）。
ただし，長において再議その他の措置を講じた場合は，この限りではありません
（同項ただし書）。

　条例の施行日は，通常，その条例の附則で定められていますが，施行日に関す
る規定がなされていない場合には，公布の日から起算して 10 日を経過した日か
ら施行されることになります（同条 3 項）。

　なお，公布に関し必要な事項（長の署名，施行期日の特例等）は，条例で定める
こととされており（同条 4 項），各地方公共団体は，一般的に，公告式条例として
定めています。

【東京都公告式条例】
　（この条例の目的）
第一条　地方自治法（昭和二十二年法律第六十七号）第十六条の規定に基く
　　公告式は，この条例の定めるところによる。
　（条例の公布）
第二条　条例を公布しようとするときは，公布の旨の前文及び年月日を記入
　　してその末尾に知事が署名しなければならない。
2　条例の公布は，東京都公報に登載してこれを行う。但し，天災事変等に
　　より東京都公報に登載して公布することができないときは，都庁内の掲示
　　場及び公衆の見易い場所に掲示してこれにかえることができる。
　（施行期日の特例）
第三条　東京都条例は，条例に別段の定めあるものの外は，支庁所在の島地
　　においては，その所轄支庁に到達した日から，その他の島地においては，
　　所轄町村役場に到達した日から起算して十日を経過した日から施行する。
　（規則に関する準用）
第四条　前二条の規定は，東京都規則に準用する。
　（規程の公表）
第五条　東京都規則を除く外，知事の定める規程で公表を要するものは，前
　　文，年月日及び知事名を記入して知事印をおさなければならない。
2　第二条及び第三条の規定は，前項の規定に準用する。
　（その他の規則及び規程の公表）

第六条　前四条の規定は，知事を除く都の機関の定める規則及び規程で公表を要するものに準用する。但し，第二条中「知事」とあるは「当該機関」と，第五条中「知事名」とあるは「当該機関名」と，「知事印」とあるは「当該機関印」とそれぞれ読み替えるものとする。

第5章

法律と条文の基本構造

1 法律の基本構造

(1) 題　名

　現在，新たに制定される法令の冒頭には必ず題名を付けることになっています。
題名には，民法，刑法のように2文字のものもありますが，非常に長い題名の法
律もあります。最も長い題名の法律は，「日本国とアメリカ合衆国との間の相互
協力及び安全保障条約第六条に基づく施設及び区域並びに日本国における合衆国
軍隊の地位に関する協定及び日本国における国際連合の軍隊の地位に関する協定
の実施に伴う道路運送法等の特例に関する法律」で，110文字もあります。これ
は極端な例としても，文字数の多い題名の法律は多くあります。そのため，多く
の場合，略称が使われています。

　たとえば，コロナ特措法と一般的にいわれていた法律は，正式には「新型イン
フルエンザ等対策特別措置法」です。もともとは，2008年に中国や東南アジア
を中心に発生した新型インフルエンザ（H1N1亜型）の経験を踏まえ，新型インフ
ルエンザ及び全国的かつ急速なまん延のおそれのある新感染症に対する対策の強
化を図り，国民の生命及び健康を保護し，国民生活及び国民経済に及ぼす影響が
最小となるようにすることを目的として制定され，2012年5月に公布されたも
のでした。2020年の新型コロナウイルスの感染拡大の際には，この法律に基づ
き様々な対策が講じられたため，コロナ特措法と呼ばれるようになったのです。

　ほかにも，DV防止法（配偶者からの暴力の防止及び被害者の保護等に関する法律），
個人情報保護法（個人情報の保護に関する法律），情報公開法（行政機関の保有する情

報の公開に関する法律）など多くの法律で略称が広く使われています。e-Gov 法令検索（デジタル庁がウェブサイト上で提供する日本の法令の検索・閲覧システム）では，略称でも法令検索ができるようになっているので，一度検索をしてみてください。

(2) 目　　次

　新規に制定されるものの多くには，冒頭に目次が置かれています。目次では，条文の内容に従ってグループに分けられています。最も大きなまとまりが「編」で，以下，「章」⇒「節」⇒「款」⇒「目」と分類されています。

　もっとも編が設けられているのは，民法や刑法のような条文の多い法律の場合で，一般的には「章」を最も大きなまとまりとして目次が作られています。さらに，条数の少ない法律には目次が設けられない場合も多くあります。

【民法】
目次
　第一編　総則
　　第一章　通則（第一条・第二条）
　　第二章　人
　　　第一節　権利能力（第三条）
　　　第二節　意思能力（第三条の二）
　　　第三節　行為能力（第四条―第二十一条）
　　（以下略）

【行政手続法】
　目次
　　第一章　総則（第一条―第四条）
　　第二章　申請に対する処分（第五条―第十一条）
　　第三章　不利益処分
　　　第一節　通則（第十二条―第十四条）
　　　第二節　聴聞（第十五条―第二十八条）
　　　第三節　弁明の機会の付与（第二十九条―第三十一条）
　　　（以下略）

（3）本　　則

　法律は，大きく本則と附則に分かれ，本則にはその法律の本体的内容が，附則には本則に付随する事項が定められます。

　また，本則の冒頭には，法律の全体にかかわる基本的事項や法制度の前提となる事項を定める総則的規定が置かれます。法律の目的や趣旨を定める規定に始まり，定義規定，制度運用の基本原則を定める規定が続きます。総則的規定の次には，法制度の中核ともいえる実体的規定が置かれ，その後は雑則的規定，罰則規定と続きます。雑則的規定としては，技術的事項・手続的事項など，法制度全般に関しながらも基本的事項とまではいえない細かな事項が定められます。

①**総則的規定**　　　総則的規定は本則の冒頭に置かれ，法律の全体にかかわる基本的事項や法制度の前提となる事項を定める規定です。すなわち，目的規定，趣旨規定，定義規定，略称規定などに関する規定のほか，その法令全体に通ずる原則あるいはその法令における基本的な事項を定める規定の総称です。

　総則的規定の中でも最も重要な規定が，目的規定あるいは趣旨規定です。法律には，第1条に目的規定又は趣旨規定が置かれることが一般的です。ただし，刑法や民法等のように非常に古い法律には，目的規定や趣旨規定が置かれていない場合もあります。

　目的規定は，その法律の制定目的を簡潔に表現したものです。趣旨規定は，その法律の内容を要約したもので，制定の目的よりも，その法律で規定する内容に重点が置かれたものということができます。目的規定や趣旨規定は，その法律全体の解釈運用の指針となるもので，これらの規定を理解した上でその法律の各規定についても解釈する必要があります。

　たとえば，大学等における修学の支援に関する法律の目的規定（第1条）では，「この法律は，真に支援が必要な低所得者世帯の者に対し，社会で自立し，及び活躍することができる豊かな人間性を備えた創造的な人材を育成するために必要な質の高い教育を実施する大学等における修学の支援を行い，その修学に係る経済的負担を軽減することにより，子どもを安心して生み，育てることができる環境の整備を図り，もって我が国における急速な少子化の進展への対処に寄与することを目的とする」と規定しています。これを表にすると**表5-1**のようになります。

　このような法律の「対象」，「手段」，「目標」を理解した上で，この法律の解釈

表 5-1　大学等における修学の支援に関する法律の目的規定の構造

対象	真に支援が必要な低所得者世帯の者
手段	社会で自立し，及び活躍することができる豊かな人間性を備えた創造的な人材を育成するために必要な質の高い教育を実施する大学等における修学の支援を行い，その修学に係る経済的負担を軽減する
目標	子どもを安心して生み，育てることができる環境の整備を図り，もって我が国における急速な少子化の進展への対処に寄与する

を行う必要があります。

②**実体的規定**　総則的規定の次に，法律の本体的部分となる実体的規定が置かれます。その法律で行おうとしている措置等が規定されます。

　たとえば，給付行政の根拠となる法律の例である大学等における修学の支援に関する法律では，実体的規定として学資支給や授業料等減免等のいわゆる実体的規定が設けられています。一方，規制行政の根拠となる法律の例としては，道路交通法では，実体的規定として，車両及び路面電車の交通方法，車両等の運転者及び使用者の義務，自動車及び原動機付自転車の運転免許などに関する規定が設けられています。

③**雑則的規定**　実体的規定を前提として，全般にわたって適用される事項のうち，総則的規定とするには適さない手続的事項，技術的事項について規定する雑則的規定が，実体的規定の次に置かれます。報告徴収，立入検査，意見聴取，手数料に関する規定などが設けられています。

　たとえば，道路交通法では，公安委員会の交通情報の提供，国家公安委員会の指示権，免許等に関する手数料等が規定されています。

④**罰則規定**　法律の規定に違反した者に対して課される罰則について規定するものです。なお，罰則は，刑罰と過料とに区分されます。

　刑罰には，主刑として死刑，懲役，禁錮，罰金，拘留及び科料があり，付加刑として没収があります（刑法9条）。刑罰は，実体法的には刑法総則の適用があり，

（1）　給付行政とは，行政機関の活動のうち国民に対して物品や金銭等を給付することによって行政の目的が達せられるものをいいます。これに対して，規制行政とは，行政機関の活動のうち個人の権利や自由の制限によって行政の目的が達せられるものをいいます。

手続的には刑事訴訟法によるのが原則です。

　たとえば，大学等における修学の支援に関する法律では，次のように刑事罰が規定されています。

第十九条　第十三条第一項の規定による報告若しくは物件の提出若しくは提示（筆者加筆：文部科学大臣等が授業料等減免対象者等に対して求めた報告等）をせず，若しくは虚偽の報告若しくは虚偽の物件の提出若しくは提示をし，又は同項の規定による当該職員の質問に対して答弁をせず，若しくは虚偽の答弁をした者は，三十万円以下の罰金に処する。

　過料は，ⓐ「行政上の秩序罰としての過料」，ⓑ「執行罰としての過料」，ⓒ「懲戒罰としての過料」の三つに分類されます。

　ⓐ行政上の秩序罰としての過料　　行政上の秩序罰としての過料は，法令上の義務に違反した場合に科すものです。たとえば，民事訴訟で証人が出頭しないときに科される「民事訴訟上の義務違反」，転居した日から 14 日以内に転居の届出をしないときに科される「行政上の義務違反」，条例や規則で定めた義務に違反したときに科される「地方公共団体の条例・規則違反」があります。

　ⓑ執行罰としての過料　　執行罰とは，行政上の義務を義務者が怠っているときに，行政庁が一定の期限を示した上で，「もし期限内に義務を行わない場合には過料を科す」と予告して，義務の履行を促すことです。しかし，現行法上執行罰が規定されているのは，砂防法 36 条のみで，その内容は「500 円以内の過料」となっているため，実効性はほとんどなく，事実上機能していません。

【砂防法】

第三十六条　私人ニ於テ此ノ法律若ハ此ノ法律ニ基キテ発スル命令ニ依ル義務ヲ怠ルトキハ国土交通大臣若ハ都道府県知事ハ一定ノ期限ヲ示シ若シ期限内ニ履行セサルトキ若ハ之ヲ履行スルモ不充分ナルトキハ五百円以内ニ於テ指定シタル過料ニ処スルコトヲ予告シテ其ノ履行ヲ命スルコトヲ得

　ⓒ懲戒罰としての過料　　懲戒罰とは，公務員など，公法上特別の法律関係に

表 5-2　大学等における修学の支援に関する法律の構成

	総　則	第一章　総則（第一条・第二条）
本 則	実体的規定	第二章　大学等における修学の支援 　第一節　通則（第三条） 　第二節　学資支給（第四条・第五条） 　第三節　授業料等減免（第六条―第十六条）
	雑　則	第三章　雑則（第十七条・第十八条）
	罰　則	第四章　罰則（第十九条）
附　則		

＊本則, 附則の全体的な構成はこのような形になります。

ある場合に, その規律維持のため, 義務違反があった場合に科される制裁のことです。具体例としては,「裁判官の懲戒は, 戒告又は 1 万円以下の過料とする。」（裁判官分限法 2 条）などがあります。

(4) 附　　則

　附則とは, 法律の本体的部分である本則に対する付随的部分です。附則では, 次に掲げる順に, 必要のある事項を規定するのが通例です。

　①当該法律の施行期日に関する事項
　②既存の法律の廃止に関する事項
　③当該法律の施行に伴う経過措置に関する事項
　④既存の法律の改正に関する事項
　⑤当該条法律の有効期限に関する事項
　⑥その他の事項

　これらの事項がすべての法律で規定されているわけではなく, それぞれの法律ごとに必要となる事項が規定されています。たとえば, 大学等における修学の支援に関する法律（**表 5-2** 参照）や, デジタル社会の形成を図るための関係法律の整備に関する法律では, 次のような附則が付されています。

【大学等における修学の支援に関する法律】

（施行期日）

第一条　この法律は，社会保障の安定財源の確保等を図る税制の抜本的な改革を行うための消費税法の一部を改正する等の法律（平成二十四年法律第六十八号）附則第一条第二号に掲げる規定の施行の日の属する年の翌年の四月一日までの間において政令で定める日から施行する。ただし，次条及び附則第十四条の規定は，公布の日から施行する。

（施行前の準備）

第二条　この法律を施行するために必要な確認の手続その他の行為は，この法律の施行前においても行うことができる。

（検討）

第三条　政府は，この法律の施行後四年を経過した場合において，この法律の施行の状況を勘案し，この法律の規定について検討を加え，必要があると認めるときは，その結果に応じて所要の見直しを行うものとする。

（政府の補助等に係る費用の財源）

第四条　次に掲げる費用の財源は，社会保障の安定財源の確保等を図る税制の抜本的な改革を行うための消費税法の一部を改正する等の法律附則第一条第二号に掲げる規定の施行により増加する消費税の収入を活用して，確保するものとする。

　一　学資支給に要する費用として独立行政法人日本学生支援機構法第二十三条の二の規定により政府が補助する費用

　二　減免費用のうち第十条（第一号に係る部分に限る。）の規定による国の支弁又は第十一条の規定による国の負担に係るもの

（政令への委任）

第十四条　この附則に定めるもののほか，この法律の施行に関し必要な経過措置は，政令で定める。

【デジタル社会の形成を図るための関係法律の整備に関する法律】

附則

第二条　次に掲げる法律は，廃止する。

　一　行政機関の保有する個人情報の保護に関する法律（平成十五年法律第

2　条文の構造

(1) 見 出 し

　見出しとは，各条の内容を簡潔に表すもので，縦書きの場合には条文の右横に，横書きの場合には上に記されます。基本的に，一つの条に一つの見出しが付されますが，複数の条が関連する内容を規定している場合等には複数の条に一つの見出しが付されることもあります。見出しが付されるようになったのは，1947年頃からとされており，それ以前の法律等には見出しが付されていないのが一般的です。

　1946年に公布された日本国憲法にも見出しは付されていません。ところが六法を見ると一般的に，日本国憲法には見出しが付されています。これは，各出版社が内容を把握しやすくするためなどの理由で付したものです。そのため，出版社によって見出しが異なっている場合があります。

(2) 条，項，号

　法律を読む際に分かりやすくするために，箇条書きで規定されています。その箇条書きの一つの項目が「条」になります。さらに，一つの条を区分する必要がある場合に，段落を変えて書くものを「項」といいます。

　項に関して興味深い点が，第1項の表記です。下にある条文は，日本国憲法25条の規定について，e-Gov法令検索（デジタル庁が提供している法令の検索・閲覧システム）に掲載されている条文と有斐閣のポケット六法に掲載されている条文とを比較したものです。e-Gov法令検索は公布された日本国憲法の条文を正確に掲載しています。一方，有斐閣ポケット六法は，読みやすくするために，多少手を加えているようです。

　さてどこが違うでしょうか？　まず，見出しについては，前述のとおり，かつての法律等には付されていませんでしたが，多くの六法では分かりやすくするた

めに，編集段階で見出しが付けられています。

　もう一点は，第1項の表記です。e-Gov法令検索は第25条の後に①はありませんが，ポケット六法には見出しの後に①が付されています。もっともe-Gov法令検索であれポケット六法であれ，1項について口頭で説明する場合等には「第25条第1項すべて国民は……」と読むことになります。

【e-Gov法令検索】
第二十五条　すべて国民は，健康で文化的な最低限度の生活を営む権利を有する。
②　国は，すべての生活部面について，社会福祉，社会保障及び公衆衛生の向上及び増進に努めなければならない。

【有斐閣ポケット六法】
第二十五条【生存権，国の社会的使命】①　すべて国民は，健康で文化的な最低限度の生活を営む権利を有する。
②　国は，すべての生活部面について，社会福祉，社会保障及び公衆衛生の向上及び増進に努めなければならない。

　本則は，条に区分をするのが一般的です。附則においても規定する事項が多い場合は，条に区分して規定しますが，規定する事項がそれほど多くない場合には，条に分けず項に分けたのみの形で規定します。

　「号」は，条又は項の中でいくつかの事項を列記する必要がある場合に「一，二，三……」と漢数字の番号を付けて列記したものということになります。

【民法】
　（錯誤）
第九十五条　意思表示は，次に掲げる錯誤に基づくものであって，その錯誤が法律行為の目的及び取引上の社会通念に照らして重要なものであるときは，取り消すことができる。
　一　意思表示に対応する意思を欠く錯誤

二　表意者が法律行為の基礎とした事情についてのその認識が真実に反する錯誤
2　前項第二号の規定による意思表示の取消しは，その事情が法律行為の基礎とされていることが表示されていたときに限り，することができる。
3　錯誤が表意者の重大な過失によるものであった場合には，次に掲げる場合を除き，第一項の規定による意思表示の取消しをすることができない。
　　一　相手方が表意者に錯誤があることを知り，又は重大な過失によって知らなかったとき。
　　二　相手方が表意者と同一の錯誤に陥っていたとき。
4　第一項の規定による意思表示の取消しは，善意でかつ過失がない第三者に対抗することができない。

　号の中でさらに細かくいくつかの列記事項を設ける必要がある場合には，「イ，ロ，ハ……」を用いることになっています。
　国において法令は縦書きとされていますが，地方公共団体では例規を横書きとしているものもあります。その場合は，次の例のように，号は（1），（2），（3）……と書かれることになります。

【名古屋市行政手続条例】
　（不利益処分をしようとする場合の手続）
第13条　行政庁は，不利益処分をしようとする場合には，次の各号の区分に従い，この章の定めるところにより，当該不利益処分の名あて人となるべき者について，当該各号に定める意見陳述のための手続を執らなければならない。
　（1）　次のいずれかに該当するとき　聴聞
　　ア　許認可等を取り消す不利益処分をしようとするとき。
　　イ　アに規定するもののほか，名あて人の資格又は地位を直接にはく奪する不利益処分をしようとするとき。
　　ウ　ア及びイに掲げる場合以外の場合であって行政庁が相当と認めるとき。

(2)　前号アからウまでのいずれにも該当しないとき　弁明の機会の付与
2　次の各号のいずれかに該当するときは，前項の規定は，適用しない。
(1)　公益上，緊急に不利益処分をする必要があるため，前項に規定する
意見陳述のための手続を執ることができないとき。
(2)　条例等の規定上必要とされる資格がなかったこと又は失われるに
至ったことが判明した場合に必ずすることとされている不利益処分で
あって，その資格の不存在又は喪失の事実が裁判所の判決書又は決定書，
一定の職に就いたことを証する当該任命権者の書類その他の客観的な資
料により直接証明されたものをしようとするとき。
(3)　施設若しくは設備の設置，維持若しくは管理又は物の製造，販売そ
の他の取扱いについて遵守すべき事項が条例等において技術的な基準を
もって明確にされている場合において，専ら当該基準が充足されていな
いことを理由として当該基準に従うべきことを命ずる不利益処分であっ
てその不充足の事実が計測，実験その他客観的な認定方法によって確認
されたものをしようとするとき。
(4)　納付すべき金銭の額を確定し，一定の額の金銭の納付を命じ，又は
金銭の給付決定の取消しその他の金銭の給付を制限する不利益処分をし
ようとするとき。
(5)　当該不利益処分の性質上，それによって課される義務の内容が著し
く軽微なものであるため名あて人となるべき者の意見をあらかじめ聴く
ことを要しないものとして規則で定める処分をしようとするとき。

(3) 表と別表

　文章では説明することが難しいことでも，表にすると分かりやすくなる場合が
あります。そのため，法律等において，表が使用される場合も多くあります。表
が条の中で使用される場合には「表」と呼ばれます。一方，法令の最後に置かれ
ているものを「別表」といいます。別表は，関係する条と切り離されて最後に置
かれるため「別表（第○条関係）」と表現して，どの条に関係する「別表」であ
るか，を明らかにします。
　「表」と「別表」は，どちらにするかについて明確な基準はありませんが，「表」
は条の中に置かれるため，比較的小さな表の場合が多いといえます。大きな表の

場合には，一般的に，「別表」にすることになります。また，別表が複数ある場合には別表第一や別表第二とされます。

【労働基準法】

（年次有給休暇）

第三十九条　（略）

② 　使用者は，一年六箇月以上継続勤務した労働者に対しては，雇入れの日から起算して六箇月を超えて継続勤務する日（略）から起算した継続勤務年数一年ごとに，前項の日数に，次の表の上欄に掲げる六箇月経過日から起算した継続勤務年数の区分に応じ同表の下欄に掲げる労働日を加算した有給休暇を与えなければならない。ただし，（略）

六箇月経過日から起算した継続勤務年数	労働日
一年	一労働日

【民事訴訟費用等に関する法律】

（裁判所書記官が保管する記録の閲覧，謄写等の手数料）

第七条　別表第二の上欄に掲げる事項の手数料は，同表の下欄に掲げる額とする。

別表第二（第七条関係）

項	上欄	下欄
一	事件の記録の閲覧，謄写又は複製（事件の係属中に当事者等が請求するものを除く。）	一件につき百五十円

また，法律において，表や別表だけでなく，図が使用される場合もあります。国旗及び国歌に関する法律では，次のように規定されています。

【国旗及び国歌に関する法律】

(国旗)

第一条 国旗は，日章旗とする。

2 日章旗の制式は，別記第一のとおりとする。

(国歌)

第二条 国歌は，君が代とする。

2 君が代の歌詞及び楽曲は，別記第二のとおりとする。

別記第一（第一条関係）

日章旗の制式

一 寸法の割合及び日章の位置
　　縦 横の三分の二
　　日章
　　　直径 縦の五分の三
　　　中心 旗の中心
二 彩色
　　地 白色
　　日章 紅色

別記第二（第二条関係）

君が代の歌詞及び楽曲

一 歌詞　　　　　　　　二 楽曲
　君が代は
　千代に八千代に
　さざれ石の
　いわおとなりて
　こけのむすまで

3 法律の改正の構造

(1) わが国の改正方法

わが国において，法律の改正は，改め文方式（溶け込み方式とも呼ばれます）により行われます。この方式は，○○法を改正する場合「○○法の一部を改正する法律」を制定することにより行われます。そして，その法律において「第○条中「△△△」を「×××」に改める。」というように規定されます。そして，その一部を改正する法律の施行により，第○条中の「△△△」が「×××」に改められた形で溶け込むことになります。

たとえば，民法改正の場合では，「第四条中「二十歳」を「十八歳」に改める。」とされていますが，これが改め文です。そして改正法が施行されると，「第四条 年齢十八歳をもって，成年とする。」という規定になります。つまり，改正前は「二十歳」であった部分が「十八歳」に置き換えられることになります。そのため，「民法の一部を改正する法律」は民法に溶け込んでその使命は終わり，「民法の一部を改正する法律」は，実質的に法律として存在しないものとなります。ただし，附則だけが，改正された法律の（この場合は民法ですが）附則に残されていきます。そのため，六法などで法律を見ると附則がいくつもある法律が数多くあります。

このように溶け込み方式は，元の法律の規定に溶け込むことになるため，改正前の法律と改正後の法律を対照して読まない限り，改正の内容を正確に理解することはできません。一方，この方式は，改正点が明確かつ簡素に表現できるというメリットがあり，わが国における法改正の方法として定着しています。

改め文方式の課題である改正内容が分かりにくいという点を改善しようとするものとして，改正前と改正後の規定を対照した表（新旧対照表）を改正方式として用いることが，鳥取県等いくつかの地方公共団体において行われています。また，現在，省令においては新旧対照表方式が採用されているものもあります。法律の場合，新旧対照表は，改め文方式で書かれている改正法律の参考資料としての位置付けとなっています。

法人等による寄附の不当な勧誘の防止等に関する法律をここに公布する。

御　　名御　　璽

令和四年十二月十六日

内閣総理大臣　岸田　　文雄

法律第百五号

法人等による寄附の不当な勧誘の防止等に関する法律

目次

第一章総則（第一条―第二条）

（以下略）

民法の一部を改正する法律をここに公布する。

御　　名御　　璽

平成三十年六月二十日

内閣総理大臣　安倍　　晋三

法律第五十九号

民法の一部を改正する法律

民法（明治二十九年法律第八十九号）の一部を次のように改正する。

第四条中「二十歳」を「十八歳」に改める。

第七百三十一条を次のように改める。

（婚姻適齢）

第七百三十一条　婚姻は，十八歳にならなければ，することができない。

第七百三十七条を次のように改める。

第七百三十七条　削除

第七百四十条中「第七百三十七条」を「第七百三十六条」に改める。

第七百五十三条を次のように改める。

第七百五十三条　削除

第七百九十二条中「成年」を「二十歳」に改める。

第八百四条の見出し中「未成年者」を「二十歳未満の者」に改め，同条ただし書中「成年」を「二十歳」に改める。

附　　則

（施行期日）

第一条　この法律は，平成三十四年四月一日から施行する。ただし，附則第
　二十六条の規定は，公布の日から施行する。

表 5-3　民法の一部を改正する法律（平成 30 年 6 月 20 日法律第 59 号）による改正前と改正後
　　　の民法の規定

改正前	改正後
（成年） 第四条　年齢二十歳をもって，成年とする。	（成年） 第四条　年齢十八歳をもって，成年とする。
（婚姻適齢） 第七百三十一条　男は，18 歳に，女は 16 歳にならなければ，婚姻をすることができない。	（婚姻適齢） 第七百三十一条　婚姻は，十八歳にならなければ，することができない。
（未成年者の婚姻についての父母の同意） 第七百三十七条　未成年の子が婚姻をするには，父母の同意を得なければならない。 2　父母の一方が同意しないときは，他の一方の同意だけで足りる。父母の一方が知れないとき，死亡したとき，又はその意思を表示することができないときも，同様とする。	第七百三十七条　削除
（婚姻の届出の受理） 第七百四十条　婚姻の届出は，その婚姻が第七百三十一条から第七百三十七条まで及び前条第二項の規定その他の法令の規定に違反しないことを認めた後でなければ，受理することができない。	（婚姻の届出の受理） 第七百四十条　婚姻の届出は，その婚姻が第七百三十一条から第七百三十六条まで及び前条第二項の規定その他の法令の規定に違反しないことを認めた後でなければ，受理することができない。
（婚姻による成年擬制） 第七百五十三条　未成年者が婚姻をしたときは，これによって成年に達したものとみなす。	第七百五十三条　削除
（養親となる者の年齢） 第七百九十二条　成年に達した者は，養子をすることができる。	（養親となる者の年齢） 第七百九十二条　二十歳に達した者は，養子をすることができる。
（養親が未成年者である場合の縁組の取消し） 第八百四条　第七百九十二条の規定に違反した縁組は，養親又はその法定代理人から，その取消しを家庭裁判所に請求することができる。ただし，養親が，成年に達した後六箇月を経過し，又は追認をしたときは，この限りでない。	（養親が二十歳未満の者である場合の縁組の取消し） 第八百四条　第七百九十二条の規定に違反した縁組は，養親又はその法定代理人から，その取消しを家庭裁判所に請求することができる。ただし，養親が，二十歳に達した後六箇月を経過し，又は追認をしたときは，この限りでない。

(2) 英米法の改正方法

　英米法では，このような改正方法とはまったく異なる方法がとられています。たとえば，イギリスの地方自治法 Local Government Act を調べてみると，最も新しいのが Local Government Act 2010 で，最も古いものが Local Government Act 1972 です。この間にも数多くの Local Government Act が制定されていますが，いずれも現行法としての効力を有しています。なぜこのようなことになっているかといいますと，英米法では，もとの法律をそのままの形で存続させた上で，別途新しい法律を制定し，前の法律は後の法律と矛盾抵触する範囲で効力を有さないこととするのです。

●枝番と削除
1　枝番（えだばん）

　法律の 2 条と 3 条の間に新たな条を追加する場合には，二つの方法があります。まず，改正前の 3 条以下の条文をすべて 1 条ずつ繰り下げて，2 条の次に 3 条として新たな条を追加する方法です。

改正前	改正後
第2条	第2条
第3条	第3条←新たに追加
第4条	第4条
第5条	第5条
	第6条

　もう一つの方法が枝番を加える方法です。この方式では，先ほどの方法と異なり条文の繰り下げは行いません。2 条と 3 条の間に新たに「第 2 条の 2」という条文を加えるのです。

改正前	改正後
第2条	第2条
第3条	第2条の2←新たに追加
第4条	第3条
第5条	第4条
	第5条

　また，第 2 条の 2 と第 2 条の 3 という条文があり，その 2 つの条文の間に 1 条加える場合には，「第 2 条の 2 の 2」という条を加えることになります。

　後者の枝番方式のほうが多く用いられているようです。条等を繰り下げて

しまうと，その後ろの条すべてが移動することになります。さらに，他の法律で引用している場合には，引用先の法律まで改正しなければならなくなります。条等の追加による影響を最小限に抑えるため，枝番が用いられることが多いようです。

「2条の2」という枝番を見ると，「2条の2」は「2条」に付属する条文のように見えてしまいますが，「2条の2」も「2条」等と同様に独立した一つの条です。

枝番号は，条だけでなく，号でも用いられます。たとえば，「二の二」，「二の三」等という表記になります。

また，章や節にも用いられます。「第2章の2」，「第2章の3」，「第2節の2」「第2節の3」等という表記になります。このルールは節に限らず，編や章でも同様です。ただし，項は条の中の段落に過ぎないという考えから，項に枝番が用いられることはありません。そのため，新たな項を加える場合には，次の項以下を繰り下げて追加することになります。

• 項の追加

改正前	改正後
1	1
2	2←新たに追加
3	3（改正前の2項）
4	4（改正前の3項）
	5（改正前の4項）

＊2項から4項までを1項ずつ繰り下げ，1項に後に2項を追加した例

2　削除

既存の法律の一つの条等を削る場合も，先ほどの条の追加と同様に二つの方法があります。たとえば，3条を削る場合に，3条を削ってしまい，改正前の4条以下の条文をすべて1条ずつ繰り上げる方法があります。

改正前	改正後
第2条	第2条
第3条⇒削除してしまう。	第3条
第4条	第4条
第5条	第5条
第6条	

もう一つの方法が「削除」として，その条を残す方法です。この方式では，先ほどの方法と異なり条文の繰り上げは行いません。単に３条を「削除」として残すのです。

改正前	改正後
第2条 ➡	第2条
第3条 ➡	第3条　　　削除
第4条 ➡	第4条
第5条 ➡	第5条
第6条 ➡	第6条

　これも先ほどの追加と同様に，他の条に影響を与えないために，後者の方法が多く用いられているようです。

4　六法とは

　「六法」について，広辞苑〔第7版〕で調べると，①憲法・民法・商法・民事訴訟法・刑法・刑事訴訟法の六つの法律，②ある分野に関する法令集，を指すものとされています。また，③幅広い分野の主要な法令を収録した書籍である「六法全書」の略称として，法令集一般を指すものとして用いられることもあるとされています。一般的に多く用いられるのは②ある分野に関する法令集の意味ではないでしょうか。

　憲法・民法・商法・民事訴訟法・刑法・刑事訴訟法の6の法律は「基本六法」とも呼ばれ，わが国における主要な法律とされてきました。これは，明治の初めに箕作麟祥博士が「仏蘭西法律書」に憲法とナポレオン制定の民法・(民事)訴訟法・商法・治罪法（今の刑事訴訟法）・刑法の5法典を収録し，これらを「六法」と総称したのに始まるというのが一般的な理解のようです。[1] 今日では，法律の分野は多岐にわたっていますが，やはり基本となるのはこの六法で，その意味では今日でも基本六法といえるでしょう。

　②の意味での「六法」を「専門六法」と呼ぶこともあります。書籍販売で有名なEcサイトで検索すると，自治六法，労働六法，後見六法，社会福祉六法，証

---

(1)　有斐閣六法編集室編「有斐閣六法の使い方・読み方」1頁参照。

券六法等，挙げれば切りがないほど，六法と名の付く書籍がヒットします。これらの六法には，関係する法律や政省令にとどまらず告示や通達まで盛り込まれているものも多く，実務では欠かせないものとして利用されています。

　③の「六法」は，収録法令数や表記，罰則の規定や委任を受けて設けられた規定といった参照条文などの注記に工夫が凝らされた多くのものが出版されており，中には直近の法改正が分かるようになっている便利なものもあります。条文ごとに関連する判例が盛り込まれたものや各種資格試験に必要な法令をコンパクトにまとめたものも人気です。最近では2色刷のものや横書きのものも見かけるようになりました。

●六法は毎年買う？

　六法は毎年改訂されています。毎年，数多くの法律が制定あるいは改正されているため，これらを踏まえて六法も改訂されているのです。毎年の発行時期は，六法の種類によって異なりますが，ポケット六法やデイリー六法のようなコンパクトな六法は毎年9月頃に，判例付きの六法は10月，11月頃に，六法全書は3月頃に発行されています。法律を勉強する場合には，当然に最新の法律に基づく必要があります。そのために，六法は，できる限り毎年買う必要があるのです。

　最近では，デジタル庁が，ウェブサイト上で，日本の法令の検索・閲覧システムとして「e-Gov法令検索」を提供しており，最新の法令を検索することができます。しかし，重要な条文にマーカーをしたり，メモをしたりするという意味では，紙の六法も捨てがたいものもあります。また，司法試験をはじめとする資格試験や大学の定期試験で使用できるのは紙媒体の六法に限られるのが一般的です。

第6章

リーガル・マインド

1 リーガル・マインドの基礎

　リーガル・マインド（Legal Mind）は，Legal：法的，合法的，Mind：心，精神という意味ですが，リーガル・マインドを一つの言葉としてとらえて，一般的に，法的思考などと訳されます。リーガル・マインドは，法学部の学生ならば，一度は耳にする言葉です。しかし，その実態はなかなか理解できないことも多いと思います。リーガル・マインドについて，明確な定義がないことがその最も大きな要因です。

　リーガル・マインドについては，様々な定義や考え方がなされていて確定した概念はありません。そこで，本書では，リーガル・マインドとは，実際に発生している問題に対して，法律上の根拠・要件・効果を明らかにした上で，論理的思考力を駆使し，問題を解決する能力としてとらえておきたいと思います。そして，導かれる解決策は，当然，多くの人の理解，賛同を得られるものでなければならないため，物事の正義やバランス感覚を持って思考し，判断する力を備えることも幅広い意味でのリーガル・マインドといえます。リーガル・マインドの基礎となるのが「論理的思考力」と「バランス感覚」なのです。つまり，リーガル・マインドとは，「論理的思考力」と「バランス感覚」を持った思考方法ということができます。

　リーガル・マインドについて，大阪国際空港公害訴訟判決（最大判昭和56年12月16日民集35巻10号1369頁）を例に考えてみましょう。この事件は，大阪国際空港の周辺に住む人たちが，離着陸する航空機の振動，騒音等によって生活環境

が破壊されたとして，空港の設置・管理者である国に対して，損害賠償等を請求した事案です。

　航空機は多くの人に対して移動時間の短縮等の大きな利便性をもたらしています。しかし，その一方で，空港周辺に居住する人等の生活環境を損なう場合もあります。この事件の判決では，こうした双方の利益等を踏まえて，航空機の振動，騒音等は「一般社会生活上受忍すべき程度のそれをかなり上回るものであること，住宅地域に近接した本件空港の立地条件」等に照らして，国の損害賠償責任を認めました。

　この訴訟では，多くの人の利便性と空港周辺に居住する人等の生活環境という相反するものについて，多面的に考察しそれぞれの利益を調整することが求められていたのです。そして，その上で，最高裁は，国家賠償法1条「国又は公共団体の公権力の行使に当る公務員が，その職務を行うについて，故意又は過失によつて違法に他人に損害を加えたときは，国又は公共団体が，これを賠償する責に任ずる」の要件を充足し，国が賠償責任を負うと判断したのです。

　判決では，いくら生活環境が重要であるとしても一切の騒音等を許さないのではなく，「一般社会生活上受忍すべき程度」を超える場合に限って，その騒音等を発生させることは許されないものとしています。逆に考えれば，「一般社会生活上受忍すべき程度」であれば，騒音等も許容されることになります。

　このように，社会に生起する様々な課題に対して，論理的に物事を考えるとともに様々な利害関係等について，バランス感覚を持って判断することによって，課題の適切な解決，処理を行うことができるのです。この感覚を身につければ，物事を筋道立てて考えることができ，多くの人の理解が得られる結論を導くことができます。

　弁護士は様々な法律に関する相談を受けますが，すべての法律について熟知しているわけではありません。しかし，弁護士は相談者に対して，何らかの回答を行います。これは，弁護士がリーガル・マインドを身につけているからできることです。個別の法律について知識がない場合であっても，法的な思考方法に基づいて，妥当な解決策，対応策を提示することができるのです。

　リーガル・マインドについて，より具体的に以下のような能力だといわれることもあります。[1]

---

(1)　田中成明『法学入門（新版）』（有斐閣，2016年）167-168頁。

①問題発見能力：紛争などに直面した場合に，錯綜した状況を整理して，法的に何が問題かを発見する能力

②法的分析能力：法的に関連のある重要な事実・争点を見抜く分析能力

③適正手続感覚・問題解決能力：関係者の言い分を公平に聴き，適正な手続を踏んで，妥当な解決案を示す能力

④法的推論・議論・理論構成能力：適切な理由に基づく合理的な推論・議論によって，きちんとした法的理論構成をする能力

⑤正義・衡平感覚：正義・衡平・人権・自由・平等などの法的価値を尊重する感覚

⑥バランス感覚：全体的状況を踏まえて各論拠を比較衡量し，バランスのとれた的確な判断を示す能力

⑦社会的説明・説得能力：思考や判断の理由・過程・結論などを，関係者や社会一般に向けて説明し説得する能力

2 社会通念とリーガル・マインド

　社会通念とは，社会一般で受け入れられている常識又は見解といえます。あるいは，常識的な考え方や世間一般の常識ということもできます。法律には明確に規定されていない曖昧な事案を判断する場合，世間の一般常識に照らし合わせて，その事案における妥当な判断をすることになります。このような判断能力もリーガル・マインドの重要な側面といえます。社会通念という判断基準は，最高裁判決でも多く使用されており，本書を執筆するに当たって判例データベースを検索をしてみたところ 1307 件ヒットしました。

【教職員国旗国歌訴訟上告審判決（最判平成 24 年 1 月 16 日集民 239 号 253 頁）】
• 事件の概要
　東京都の公立高等学校又は東京都立養護学校の教員であった上告人らが，各所属校の卒業式又は記念式典において国歌斉唱の際に国旗に向かって起立

して斉唱することを命ずる旨の各校長の職務命令に従わず起立しなかったところ，東京都教育委員会からそれぞれ戒告処分を受けたため，上記職務命令は違憲，違法であり上記各処分は違法であるなどとして，東京都に対し，上記処分の取消し及び国家賠償法1条1項に基づく損害賠償を求めた。

• 判決抜粋

多数意見がいう不起立行為の性質，態様，影響を前提としても，不起立行為という職務命令違反行為に対しては，口頭又は文書による注意や訓告により責任を問い戒めることが適切であり，これらにとどめることなくたとえ戒告処分であっても懲戒処分を科すことは，重きに過ぎ，社会通念上著しく妥当性を欠き，裁量権の範囲を逸脱し，又はこれを濫用するものであって，是認することはできない。

3 武器としてのリーガル・マインド

リーガル・マインドは，単なる知識ではなく，柔軟に様々な課題に対応することができる能力だということができます。そのため，リーガル・マインドを身につけることにより，社会情勢の変化に柔軟に対応することができ，想定外の課題に対しても何らかの対応策を講じる能力を養うことができます。それこそがビジネスにおける武器となるのです。

社会情勢の変化に伴い様々な新たな課題が生じることになります。そのような新たな課題に対しては，単なる知識ではなく，発想方法としてのリーガル・マインドこそが有効なのです。

4 リーガル・リスク・マネジメント

リーガル・リスク・マネジメント（法的リスク管理）というのは，事業や企業の経営において発生する法的責任や，法的不利益などのリーガル・リスク（違法行為による信用失墜・住民の危機，民事責任，刑事責任）を予め分析し，評価することによって予防，あるいは抑制を図ることをいいます。

リーガル・リスク・マネジメントは企業活動においては，非常に重要な位置を占めており，従来から意識されてきました。当然のことながら，国や地方公共団体等の行政機関においても，重要性を意識する必要があります。行政活動を行う上では，リーガル・リスクを含めた様々なリスクに直面することになります。特に新規政策に取り組む場合には，新たなリスクに直面する可能性が高くなります。そのリスクを減らすことによって，より積極的な行政施策が可能になります。そのために，リーガル・リスク・マネジメントは，国や地方公共団体においても非常に重要な役割を果たします。

5　リーガル・マインドを身につける

　英語の学習で英単語や文法を覚えたり，数学では公式を覚えたりしてきたと思います。しかし，リーガル・マインドの修得については，この法則や公式を覚えればいいというものではありません。その意味で，リーガル・マインドを身につけることは難しいのかもしれません。しかし，次のような方法で時間をかけて法律に向き合うことによって確実に身につけていくことができます。

(1) 法律の専門書を読む
　最も重要なことが法律の専門書を読むことです。様々な法律やリーガル・マインドについては，インターネット上に色々な解説が載っています。しかし，インターネット上の情報には嘘や間違いが含まれている可能性があります。
　そのため，ある程度，評判の高い，信頼できる専門書を読むことが大切です。ただし，最初から本格的な専門書を使って勉強しようとすると，理解できずに挫折してしまうこともあります。そのため，まずは初学者向けの薄い専門書からはじめる方がいいでしょう。
　また，どの法律の分野を最初に学ぶかですが，私は刑法がいいのではないかと思います。刑法が対象としている殺人罪や窃盗罪等の犯罪について，私たちは，直接に，経験することはあまりありません。また，経験しない方が望ましいといえます。しかし，新聞やインターネットのニュースやテレビドラマ，映画などでは様々な犯罪が取り上げられています。その意味では，刑法が対象とする状況は，比較的理解しやすいと思います。また，刑法は，様々な法分野の中でも，特に論

理的整合性が求められる分野だといえます。そのため，初学者でも，論理的に考えることによって，比較的理解しやすい分野だと思います。

　また，民法も，皆さんが日常的に行っている買い物（売買契約）等に関する法律であるため，本を読んでいても状況がイメージしやすいと思います。その意味ではお勧めなのかもしれません。ただし，民法では，契約当事者の利益考慮や結果の妥当性という視点が，刑法よりも強く求められるため，この点が初学者の人には理解しにくいように思います。

　これは，私の感想なので，皆さんは，自分の興味を重視して，刑法，民法あるいは，すべての法律の基本ともいうべき憲法のうち一つの入門書を手に取って読み始めてください。少しずつでも法律を勉強することで，着実にリーガル・マインドは身についていきます。

(2) 判例を読む

　判例を読むことも，リーガル・マインドを身につけるために有効な方法です。判例とは，裁判の先例となる過去の判決のことをいいます。つまり判例は，過去に実際に起こった問題に対して，裁判官が法律上の根拠・要件・効果を明らかにした上で，論理的思考力を駆使し，問題を解決したものです。まさに実際にリーガル・マインドが発揮された場面だということができます。そのため判例を読むと，裁判官のリーガル・マインドを追体験することができます。

　さらに，判例は，大学等で法律を学ぶ上で不可欠のもので，論文やレポートを執筆する際にも，判例を踏まえて検討することが必要になります。

　ただし，実際の判決文は非常に長いものもあり，そんな判決に当たってしまうと，途中で挫折してしまうかもしれません。そのために，実際の判決文を読む代わりに，判例の解説書を読むといいと思います。判例の解説書として代表的なものとして『判例百選』（有斐閣）があります。『判例百選』は，憲法，刑法，民法だけでなく非常に多くの法律の分野に関して出版されていますので，興味のある分野のものを読んでみるといいと思います。

●判例を探す方法

　最高裁判所の重要な判例を掲載した書籍として最高裁判所判例集（民事判例集・刑事判例集）があります。1冊の本に「最高裁判所民事判例集」と「最

高裁判所刑事判例集（刑事事件)」の両方が掲載されています。論文等において記述する場合には，略称としてそれぞれ「民集」，「刑集」が使用され，民集○巻○号○頁のような記載がなされます。

　判決を掲載した雑誌として『判例時報』，『判例タイムズ』,『判例地方自治』があり，それぞれ「判時」,「判タ」,「判自」と略されます。

　書籍のほかにも，裁判所の裁判例検索や D1-Law.com のようなデータベースで検索することができます。裁判所の裁判例検索は誰でもオンラインで利用できます。D1-Law.com は提供している第一法規との契約が必要なため，契約をしている大学や図書館で利用できます。

(3) 資格試験を受験する

　リーガル・マインドを身につける上で有効な方法が資格試験を受験することです。もちろん受験するだけでは意味がなく，合格を目指して勉強することが大切です。目標を持つことで学習意欲や学習効果が高まるはずです。試験への合格に向けて学習することで，当然，リーガル・マインドも身についていきます。さらに，合格すれば，就職に有利な場合もあります。資格によっては，将来，独立して開業することができる場合もあります。その意味で，資格試験の受験は，非常に有効な学習方法だといえます。

　法律系の資格試験というと司法試験を考えるかもしれません。初学者のうちから司法試験を目指すこともちろん可能ですが，まずは，比較的合格しやすい宅地建物取引士や行政書士の試験を目指す方が初学者にはお勧めです。

第 7 章

法の解釈と法の適用

1 法解釈の手法

　法令を安定して適用するためには，法令の条文は，要件や効果などがすべて明確に規定されていることが，望ましいものといえます。しかし，法令は，様々な条件の中で適用される可能性があるため，そのすべての条件を想定して，明確に規定しようとすると法令の条文は膨大なものになります。そのため，法令の条文はある程度抽象的に規定されているのが一般的です。そして，実際の法令の適用，運用に当たっては，一定のルールで法令の条文の解釈を行い，個々の事案に対して法令を適用していくことになります。そのためのルールを法の解釈といいます。
　法の解釈は大きく分けて，有権解釈と学理解釈の二つに分かれます。有権解釈は国家やその機関によってなされる解釈で，学理解釈は学説による法の解釈です。
　それぞれの解釈は，さらに細かく分かれていますが，様々な解釈の方法を組み合わせて妥当な解釈を導き出す必要があります。

(1) 有権解釈
　国家やその機関によってなされる解釈のことです。つまり立法，司法，行政などの権限を有する機関の解釈という意味で有権解釈と呼ばれています。この解釈はさらに①立法解釈，②司法解釈，③行政解釈の三つに分類できます。

①立法解釈　　法の中で，法令の条文の示す意味・内容を定めるものです。民法85 条「この法律において「物」とは，有体物をいう。」は，法令の中の解釈規定

の例ですが，立法解釈は法令中にこのような形で明確にされます。

②司法解釈　　裁判所における判決の中でなされる解釈です。有権解釈の中では，この司法解釈が最も多くなされると考えられます。そもそも司法権とは，具体的な争訟事件について，法を適用し，宣言することによって，これを解決する国家作用であるとされています。当然に法を適用する場面の多くで法解釈が行われることになります。

③行政解釈　　行政機関によってなされる解釈です。この例としては，行政官庁内部で通達の形で示されるものがあります。行政解釈をめぐって次のような判決がありました。パチンコ球遊器事件判決と呼ばれるもので[(1)]，従来，非課税物件とされていたパチンコ球遊器が，通達により物品税法上の「遊戯具」に当たるとして課税された件につき，租税法律主義（憲法 84 条）に反しないかが争われました。判決では，「通達の内容が法の正しい解釈に合致するものである以上，本件課税処分は法の根拠に基づく処分」であるとしています。つまりこの判決で示されているように，この通達はパチンコ球遊器が物品税法上の「遊戯具」に当たるか否かの行政庁の解釈を明示したもので，行政解釈の一つの形態といえます。

●租税法律主義

　租税法律主義とは，租税は住民の代表が法律で定めたものでなければならないという憲法上の原則です。憲法 84 条には「あらたに租税を課し，又は現行の租税を変更するには，法律又は法律の定める条件によることを必要とする。」と定められています。

---

(2) 学理解釈

研究者が主張する学説等のような学理的思考に基づき法規の意味を確定することを学理解釈といいます。この解釈には，①文理解釈と②論理解釈の二つの解釈方法があります。

---

(1)　最判昭和 33 年 3 月 28 日民集 12 巻 4 号 624 頁。

①**文理解釈**　文理解釈とは，法令の文言に現れた意義を明らかにする方法で行われる解釈方法です。法令の語句は，社会一般の通念に従って平易に解釈されなければなりません。文理解釈では，社会一般の人々がその法令の語句を字義通りに普通に理解するのと同様な解釈をすることになります。ただし，その条文で使われる語句の中で，特殊な用法として使われるものは，その用法に従って解釈されます。

　また，ある法令に使われる語句は，他の法令においても原則として統一的に解釈されなければなりません。この文理解釈の最大の長所は，法文用語の内容を明確にする，法令の条文の一定性を考慮するという点で法的安定性に資する点にあるということができます。ただし，法は，様々な場面を想定して抽象的に書かれているものなので「字義通りに解釈する」とはいっても，限界があるということには注意しなければなりません。

【公職選挙法】
　（投票の記載事項及び投函）
第四十六条　衆議院（比例代表選出）議員又は参議院（比例代表選出）議員の選挙以外の選挙の投票については，選挙人は，投票所において，投票用紙に当該選挙の公職の候補者一人の氏名を自書して，これを投票箱に入れなければならない。
＊文理解釈をすれば，氏名と規定されている以上，氏と名の両方を記載する必要がありますが，次に説明する論理解釈によれば両方書かなくても個人が特定できればいいと考えることもできます。現在の実務では，文理解釈ではなく論理的に考え個人が特定できれば投票は有効になるものとしています。

●**法的安定性と結果の妥当性**
　法的安定性とは，法の制定，改廃や，法の適用を安定的に行い，ある行為がどのような法的効果を生ずるかが予見可能な状態をいい，人々の法秩序に対する信頼を保護する原則を指すものといえます。つまり，ある条文について行政機関や裁判等で解釈された場合，それ以降は，一般的に，その解釈が正しいものとして行動することになります。それが，次に適用される場合には，従前と異なる解釈で適用されてしまうと，従来の解釈を信頼した人が不

利益を被る可能性もあります。そのような状態を，法的安定性を欠くといいます。

　一方，結果の妥当性とは，行政機関あるいは裁判所の判断が具体的なケースに関してなされる場合，その事案における解釈が妥当な結論を導き出すことをいいます。いくら従来どおりの解釈である，あるいはいくら論理的に正しい解釈であるとしても，個々のケースでは妥当な結論を導き出すことができない場合もあります。そのような場合には結果の妥当性を欠くということになります。

　法の解釈は，社会に生起する様々な問題に対してなされるため，法的安定性も結果の妥当性も必要とされます。場合によって，法的安定性と結果の妥当性が相反するケースもあるかもしれません。そのような場合には，他に与える影響，妥当性の程度等を総合的に考慮して結論を導き出す必要があります。

②**論理解釈**　　法秩序，法典の組織，立法趣旨，法適用の効果など，立法の目的や立法理由，その趣旨などを熟慮して，これに適合するように論理的に解釈する方法のことです。文理解釈は法的安定性を重視する解釈方法といえますが，論理解釈は結果の妥当性を重視する解釈方法だといえます。

　もちろん，論理解釈は，文理解釈との関連でそう呼ばれているのであって，論理的に正当であれば条文からかけ離れた解釈が当然に許されるという意味ではありません。条文の解釈である以上，条文の文言を踏まえて論理的に解釈しなければなりません。

　論理解釈を行うに当たって重要なことは，なぜそのような規定が設けられているかを考えることです。たとえば，国家賠償法1条に「国又は公共団体の公権力の行使に当る公務員が，その職務を行うについて，故意又は過失によつて違法に他人に損害を加えたときは，国又は公共団体が，これを賠償する責に任ずる」と規定されています。この条文を文理どおり解釈するならば，「公務員」というのは国家公務員や地方公務員を意味すると考えられます。しかし，この「公務員」は，国家公務員や地方公務員に限らず，国や地方公共団体から公権力の行使を委ねられた者を含むと解されています。このような論理解釈がなされるのは，国家賠償法1条が国や地方公共団体が行った違法な活動により損害を被った者を救済

することを目的とする規定だからです。そのような制度趣旨を踏まえて，国や地方公共団体が行った違法な活動を，実際に行った者が公務員でない場合でも，国や地方公共団体が賠償責任を負うと解釈されるのです。

③**拡張解釈**　　拡張解釈とは，法令の字句を，文理解釈より拡張して解釈する方法です。たとえば，「ここに馬をつないではいけない」という立札がある場合に，ロバも馬の一種だから，やはりつないではいけないと解するのが，拡張解釈です。「ロバも馬の一種だから」というのは，生物学的には非常識な話ですが，外形的な面あるいはつなぐことによる周囲の迷惑という点を考えると法律的には同種のものと考えることも可能です。立法後に新たに生じた利益を保護するために，この解釈技術が用いられることが多くあります。それは，立法者が必ずしも意図しなかったものですが，しかし立法者の意図に反しない解釈であり文理上に可能な解釈であるとされています。

④**縮小解釈**　　法令の字句の意味が広すぎるので，その真の意味を明らかにするには不十分である場合に，条文の文理よりも意味を狭めて解釈する方法です。たとえば，マンション管理規程で「動物の飼育を禁止する」と規定されている場合に，飼育することが他人の迷惑とならない熱帯魚などはここでいう動物に含まれないと解釈するのが縮小解釈に当たります。

⑤**類推解釈**　　ある条文に含まれない場合について，同じような解釈をすることです。たとえば，マンション管理規程に「犬猫の飼育を禁止する」という規定があった場合，犬猫の飼育が他人に迷惑をかけるために禁止されているのだから，同じように猿や蛇の飼育も他人に迷惑をかける可能性があるから禁止されると解釈することです。

⑥**拡張解釈と類推解釈の違いは**　　拡張解釈は条文中に規定が存在することを前提としているのに対して，類推解釈は条文中に規定がないことを前提としています。つまり類推解釈は条文を離れて新たな法を創造するものであるため住民にとっての行動の予測の可能性を奪うことになるから許されません。なお，拡張解釈は，条文の範囲内で解釈を行うものであり，一般人が予測可能な範囲で許されると考えられています。特に刑法においては，類推解釈は新たな法の創出である

ため，住民がどのような行為が処罰されるかということをあらかじめ認識できないのに処罰されることになります。そのため，刑法の解釈においては，類推解釈は許されません。これとは逆に拡張解釈は法文から想像できる範囲なので，住民がどのような行為が処罰されるかをあらかじめ予想できるため，処罰することも許されるとされています。

　とても古い判例ですが，次のようなものがあります。ガソリン・カーの機関手が，運転中に過失でガソリン・カーを転覆させ，多数の乗客に重軽傷を与えました。ガソリン・カーとは，ガソリン・エンジンを動力として走行する鉄道車両です。刑法 129 条では，過失によって「汽車若しくは電車」を転覆・破壊させる行為が処罰されていますが，立法当時には，ガソリン・カーは存在しなかったために，法文では「汽車若しくは電車」となっています。そこで，裁判では，このガソリン・カーが「汽車」に当たるのか，という点が争われました。そして，裁判所は，ガソリン・カーは汽車である，と判断して，被告人を有罪としました。

　裁判所が上のような結論を出した背景には，ガソリン・カーは「汽車」と比較して，同じように一定の軌道上を走ることによって多数の乗客を運搬するという点では同じであるという考慮があります。刑法がこのような犯罪類型を設けた趣旨からいえば，動力が石炭であるのか電気であるのか，あるいはガソリンであるのかということは，この罪の本質的な点には影響がないのです。

　それでは，類推解釈と拡張解釈の限界はどこにあるのでしょうか。これは，非常に困難な問題です。抽象的には，住民に対して不意打ちとなるような解釈が類推解釈であるというほかはありません。つまり，拡張解釈は，法が本来予定する範囲内での目的論的解釈であって，類推解釈は，その範囲を越える事実に対して，法の適用性を認めることなのです。その限界は確かに困難ですが，法の趣旨・目的あるいは条文の論理的な構造などを総合的に判断して決定されることなのです。要するに，処罰される側に立って，このような行為ならば処罰されないだろうという，住民の予測可能性を奪うような解釈は許されるべきではないというべきでしょう。したがって，先ほどの例でいえば，ガソリン・カーを「汽車」に含めて解釈することは許されますが，バスを「汽車」に含めて解釈することは許されない解釈といえるでしょう。

⑦**準用**　　類推解釈と似たもので準用というものがあります。準用とは，法が明文で類推適用を認めることです。法令文を読んでいると，「○○法第○条の規定

は，×××について準用する。」という文言をよく目にします。「準用」という法令用語は，ある事項に関する規定を，他の類似の事項について，必要な修正を加えてあてはめる法令作成技術で，これを利用することで条数が増えるのを防ぐことができます。

　すなわち，「第一条　Aの場合には，Bという効果が生じる。」という規定がある場合に，Cの場合にもBという効果が生じるとすれば，「第二条　Cの場合には，Bという効果が生じる。」という規定を置かなくても，「第二条　第一条の規定は，Cの場合に準用する。」と規定すれば同じ効果が生じることになります。

●読替規定

　準用と似たものとして，読替（よみかえ）規定があります。準用の場合には，本来の対象ではない対象に当てはめるのですから，具体的にはどのように修正を加えて適用するかが分かりにくい等の問題がある場合もあります。

　そのために，準用ではなく，読替規定が法令に規定される場合があります。読替規定とは，たとえば，「第○条中「××」とあるのは「○○」と読み替えるものとする。」という形で規定されます。そのために，読み替えの対象となる条文にどのような修正が加えられるかが明確になります。

　なお，この読替規定の例は，本書66頁の東京都公告式条例六条をご覧ください。

---

⑧反対解釈　　条文において，一定の事項が認められるとき，それとは反対の要件についてはその規定とは逆に解釈することです。具体的に民法96条を例に考えてみましょう。まず，1項では「詐欺又は強迫による意思表示は，取り消すことができる」と規定しています。また，2項では，「相手方に対する意思表示について第三者が詐欺を行った場合においては，相手方がその事実を知り，又は知ることができたときに限り，その意思表示を取り消すことができる」と規定しています。

　図7-1の例は，本人であるBさんは，Cさんの詐欺に騙されて，Aさんに対して売買契約の承諾をしてしまったものです。これを96条2項に当てはめると，第三者であるCさんが詐欺を行ったことを，相手方であるAさんが知っていた場合に限って，Bさんはその意思表示を取り消すことができます。この2項を反

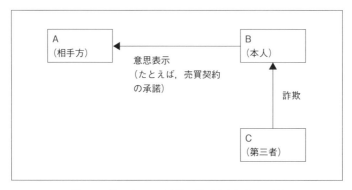

図7-1　第三者による詐欺に基づく意思表示の例

対解釈すると，第三者であるCさんが詐欺を行ったことを，相手方であるAさんが知らなかった場合には，Bさんはその意思表示を取り消すことができないと考えることになります。

【民法】
　（詐欺又は強迫）
第九十六条　詐欺又は強迫による意思表示は，取り消すことができる。
2　相手方に対する意思表示について第三者が詐欺を行った場合においては，相手方がその事実を知り，又は知ることができたときに限り，その意思表示を取り消すことができる。
3　（略）

2　事実の確定

　法令の適用は，最終的に裁判の場において事実の認定に基づいて行われることになります。さらに，事実の認定は，一般に証拠に基づいてなされるわけですが，立証することが困難な場面も少なくありません。あるいは，立証が事実上，不可能な場面もあります。そこで，立証の煩雑さを避けたり，公益上の理由から一定の事実については，存在，不存在を法令で推定したり，反論を許さずに法令が事

実を確定したりします。これが，「推定」と「擬制」です。

①推定　とりあえず事実がある，又はないことをとりあえず定めておくことを「推定」といいます。これは「とりあえず」定めるだけなので，反対の主張をしようとする者は反対の証拠でこの推定を覆すことも可能です。民法186条「占有者は，所有の意思をもって，善意で，平穏に，かつ，公然と占有をするものと推定する」という規定があり，物を占有している人は，所有の意思を持ち，善意，平穏かつ公然に占有していると推定されます。従って，泥棒が盗み取ってきた品物も，とりあえず①所有の意思，②善意，③平穏，④公然という状態で占有していると，民法は「推定」するわけです。本当の所有者は，証拠を揃えて①所有の意思，②善意，③平穏，④公然でないことを証明すれば，この推定は覆されることになります。「推定」の特徴は相手が反論し，反証を挙げてそれが認められれば，「推定」されたものが覆ることです。

②擬制　擬制は，公益等の理由から事実の存在，不存在を法政策的に確定することです。従って，実際には，擬制された事実と異なっていても，反証を挙げて擬制された事実を否定することはできません。条文においては，通常，「みなす」という言葉で表現されます。

　民法31条「前条第一項の規定により失踪の宣告を受けた者は同項の期間が満了した時に，同条第二項の規定により失踪の宣告を受けた者はその危難が去った時に，死亡したものとみなす」という規定について考えてみましょう。失踪宣告とは，ある人が一定期間生死が不明となっている場合，家庭裁判所に失踪宣告の審判を申し立て，審判で認容されたときに死亡したものとみなすことによって，その人にかかわる法律関係を確定させようとするものです。一定期間生死が不明となっている場合に死亡を擬制しようとするもので，もし本人が生きていた場合は生きていることを証明しても失踪宣告の効力は失われません。失踪宣告の効力を失わせるためには，失踪宣告を取り消す必要があります。

3　法的三段論法

法律の学習において重要なのが法的三段論法です。法規の適用において用いら

れる考え方で，大前提を法規・法令とし，小前提を具体的事実として，これらから法適用の結果を導き出していきます。

三段論法の例としてよく使われるのが，次のようなものです。

①大前提：すべての人間は，いつか死ぬ。

②小前提：ソクラテスは，人間である。

③結論：ゆえにソクラテスは，いつか必ず死ぬ。

このような考え方が，法規の適用においても用いられることを，法的三段論法といいます。法的三段論法では，次のように考えて結論を導き出します。

①大前提：法規（条文・条文解釈により定立される規範等）

条文の趣旨を理解する。

②小前提：具体的事実

対象となる具体的事実を的確に把握する。

③結論：法適用の結果

条文に当てはめて適正な結論を導き出す。

それでは，具体的な事例を考えてみましょう。

○窃盗罪の例

・大前提⇒他人の財物を窃取した者は，窃盗の罪とし，10年以下の懲役又は50万円以下の罰金に処する（刑法235条）。

・小前提⇒Aは，駅前の駐輪場にとめてあった自転車を勝手に乗っていった。ただし，Aは，近くの銀行に行って，すぐに返すつもりだった。銀行を出たAは，警察官の職務質問を受け，他人の自転車に勝手に乗っていっていたことが分かってしまった。

・結論⇒この事例では，Aさんの行為によって，窃盗罪が成立するかを検討することになります。

窃盗罪を規定する刑法235条については，①「他人の」とはどのような意味か？，②財物とは何か？，③窃取とは何か？等の解釈が必要になります。さらに，窃盗

罪の成立要件として，判例は「不法領得の意思」のあることが必要であるとしています。[2]不法領得の意思とは，本来の物の所有者である権利者を排除して，他人の物を自分の所有物として扱い，経済的に利益を受ける意思やその物の用途にかなった使用をする意思のことをいいます。

この事案では，Ａさんは，この自転車を勝手に使ったものの，すぐに返すつもりだったということですから，「不法領得の意思」があったか否かが問題となります。なお，下級審の判決ですが，自転車を無断使用した事例で，「不法領得の意思」がないとして，無罪とした事例もあります。[3]

この事例の範囲内では，実際に「不法領得の意思」があったといえるか否かは判断できません。しかし，このように，小前提である事実関係を，大前提である法律の規定に当てはめる際には，条文の解釈が必要になる場合もあります。そのような場合には，先に説明した法解釈を行って条文が規定している要件を明確化した上で，事実関係を条文に当てはめていくことになります。

○売買契約の例

・大前提⇒契約は，契約の内容を示してその締結を申し入れる意思表示（以下「申込み」という）に対して相手方が承諾をしたときに成立する（民法 522 条 1 項）。また，契約の成立には，法令に特別の定めがある場合を除き，書面の作成その他の方式を具備することを要しない（同条 2 項）。

　売買契約は，当事者の一方がある財産権を相手方に移転することを約束し，相手方がこれに対してその代金を支払うことを約束することによって成立する（民法 555 条）。

・小前提⇒自動販売機に 150 円と表示されているペットボトルのお茶を買おうと思って，150 円を入れたが，商品が出てこなかった。

・結論⇒契約における「申込み」とは，相手方の承諾があれば，契約を成立させることを目的とする確定的な意思表示とされています。一方，「承諾」とは，特定の申込みに対して，これに同意することにより契約を成立させる確定的な意思表示とされます。

　自動販売機の場合，150 円と表示していることは，相手方の承諾があれば，契約を成立させることを目的とする確定的な意思表示であり，申込みと解さ

(2)　最高裁昭和 26 年 7 月 13 日刑集 5 巻 8 号 1437 頁など。
(3)　京都地判昭和 51 年 12 月 17 日判例時報 847 号 112 頁。

れます。これに対して，自動販売機に150円を投入し，商品を選択しボタンを押すことは，申込みに同意し契約を成立させる確定的な意思表示であり，承諾といえます。

　したがってこの場合，ペットボトルのお茶の売買契約は成立しており，商品の引渡しがないことから，売主（自動販売機の設置者）の債務不履行の状態にあると解されます。

●**法律要件と法律効果**

　法律的な効果を発生させる原因を法律要件といい，それにより生じた法律的な結果を法律効果といいます。民法の条文は，「法律要件」が充足されると「法律効果」が生じるという形式で書かれている場合が多くあります。

　たとえば，民法709条は，不法行為に関する条文ですが，「故意又は過失によって他人の権利又は法律上保護される利益を侵害した者は，これによって生じた損害を賠償する責任を負う」と規定していいます。この場合，「故意又は過失によって他人の権利又は法律上保護される利益を侵害した」という法律要件を充足すると，その行為を行った者は「これによって生じた損害を賠償する責任を負う」という法律効果が発生することになります。実際の民事訴訟では，不法行為を理由として被告に対して損害賠償請求を行う場合，原告は，民法709条に規定されている「法律要件」に該当する事実（要件事実）を立証することによって，「法律効果」としての権利を主張することを求めます。

　法律要件を充足すると法律効果が発生するという形式は，民法以外の法律の分野でも，あてはまる場合も多くありますので，法律を学ぶ上で，重要な概念だといえます。

●**法諺**

　法諺（ほうげん）とは，法律に関する格言（法格言）やことわざのことです。法律の重要な知識を簡単にいい表わしたもので，法律を学ぶ上でもとても役に立つものです。ここではいくつかの法源を紹介しましょう。

- **法律なければ犯罪なし（刑罰なし）**

　罪刑法定主義の考え方を示したもので，自由主義・民主主義の要請によるものです。憲法 31 条「何人も，法律の定める手続によらなければ，その生命若しくは自由を奪はれ，又はその他の刑罰を科せられない。」や 39 条前段「何人も，実行の時に適法であつた行為又は既に無罪とされた行為については，刑事上の責任を問はれない」などにおいて，その考え方が具体化されています。

- **過失なければ責任なし**

　過失責任の原則を表したものです。過失責任の原則とは，損害の発生について損害賠償責任を負うのは，故意・過失がある場合だけであるという私法上の原則です。この原則は，近代民法の基本原則の一つである私的自治の原則から導かれます。

　私的自治の原則は，個人の自由意思に基づく行為を尊重しようとする原則であるため，個人の自由意思に基づかない行為にまで責任を負担させることは私的自治の趣旨に反します。そのため，故意または過失がない場合，つまり，個人の自由意思が認められない場合には法的責任を負担させないとするのです。このような考え方は，通常の注意さえ払えば自由な活動ができるという意味で私的自治の原則を裏側から支えているともいえます。

- **権利の上に眠るものは保護に値せず**

　権利を有している者であっても，その権利を行使せず，放っておいたら権利が消滅してしまい，その権利は保護されないという意味です。この法諺の考え方は，民法 166 条以下の消滅時効制度（一定期間の経過により権利が消滅してしまう制度）などに具体化されています。ただし，時効制度の根拠としては，このような考え方のみによるのではなく，「社会の取引関係の安全を主眼とし，あわせて証拠関係の不明瞭による不都合を避け，権利の上に眠っていた者に法の保護を拒否することを目的として，永続した事実関係をそのまま保護してゆくことが時効制度の存在理由である」[4]とされています。

---

(4)　我妻栄ほか『民法 1（第 4 版）』（勁草書房，2021 年）210 頁。

【民法】

(債権等の消滅時効)

第百六十六条　債権は，次に掲げる場合には，時効によって消滅する。

　一　債権者が権利を行使することができることを知った時から五年間行使しないとき。

　二　権利を行使することができる時から十年間行使しないとき。

2　債権又は所有権以外の財産権は，権利を行使することができる時から二十年間行使しないときは，時効によって消滅する。

3　前二項の規定は，始期付権利又は停止条件付権利の目的物を占有する第三者のために，その占有の開始の時から取得時効が進行することを妨げない。ただし，権利者は，その時効を更新するため，いつでも占有者の承認を求めることができる。

• 法は家庭に入らず

　この法格言は，家庭内の問題については法が関与せず自治的解決に委ねるべきであるとの考え方を示すものです。民法の協議離婚制度（当事者の合意があれば，裁判所の関与なく，届出のみで離婚できる制度）や刑法の親族間の特例（窃盗，詐欺，横領などで夫婦や一定の親族には刑が免除される）などに具体化されています。

　もっとも近年では，家庭内における虐待や暴力について，いわゆる児童虐待防止法や DV 防止法が制定されるなど，家庭内の自治的解決に委ねることができないような場合には積極的に法が関与することもあります。

• 法は不可能を強いない

　期待可能性を表す法諺です。過失によって民事上の賠償責任が問われる場合（過失の行為による不法行為等）や過失によって刑事責任が問われる場合（過失致死等）に，避けがたい状況の下で結果が発生してしまったときにその者の責任を問わないとする考え方です。適法な行為を選択できる可能性がない場合等には，期待可能性がないとして責任が否定されることもあります。

• 国王といえども神と法の下にある

　13 世紀イングランドのローマ法学者であるヘンリー・ド・ブラクトン (Henry de Bracton) が主著，『イングランドの法と慣習法について』に記し

た言葉です。

　国の統治が憲法に従って行われねばならないという考え方を立憲主義といいます。立憲主義に基づき，「国王も神と法の下にある」として，国王といえども法には従わねばならないという考え方を示した言葉です。

● 訴えがなければ裁判なし

　民事裁判の原則で，民事裁判は当事者からの訴えがあって開始するもので，裁判所が勝手に裁判を始めるものではないという考え方です。「不告不理の原則」といわれることもあります。近代民法の基本原理の一つである「私的自治の原則」に基づくものです。

　民事訴訟法 246 条は「裁判所は，当事者が申し立てていない事項について，判決をすることができない」と規定しています。この条文は，日本の民事訴訟法が「処分権主義」を採用している一つの現れであるといわれています。処分権主義とは，いかなる権利関係について，いかなる形式の審判を求めるかは，当事者の判断に委ねられるという民事訴訟法上の原則のことです。

● 法の不知はこれを許さず

　自分の行為が法律上許されていないことを知らなかったとしても，罪を犯す意思（故意）が無かった，とは認められず，犯罪が成立するという意味です。刑法 38 条 3 項は「法律を知らなかったとしても，そのことによって，罪を犯す意思がなかったとすることはできない」と規定しています。

　一般の人たちが，法律のすべてを知っているわけではありません。そのような状況の下で，法律を知らないことを理由に，犯罪として処罰されるべき行為について刑罰をまぬがれられるとしては，刑罰の適用できるケースは非常に少なくなる可能性があります。あるいは，知らなければ罰せられないのならば，知らないほうが得だということにもなりかねません。そうしたことから，このような考え方が採用されているのです。

● 疑わしきは罰せず

　刑事裁判において，事実の存否が明確にならないときには被告人にとって有利に扱わなければならないとする考え方です。「推定無罪の原則」や「疑わしきは被告人の利益に」といわれる場合もあります。

　この考え方は，刑事訴訟法 336 条「被告事件が罪とならないとき，又は被告事件について犯罪の証明がないときは，判決で無罪の言渡をしなければならない」にも表れています。また，「何人も，法律の定める手続によらな

ければ，その生命若しくは自由を奪はれ，又はその他の刑罰を科せられない」
と規定する日本国憲法 31 条も，法律の適正手続（デュー・プロセス・オブ・
ロー）の保障という点から，これらの原則の根拠と考えられます。

第 8 章

法令用語

　法令は，国民の権利義務に直接影響を及ぼすこともあるため，誰が読んでも理解できるように，明確性，簡潔性，平易性が求められています。一般的には，法令で使用される用語も，日常的に使用される用語と変わりがありません。ただし，法令において独特の意味を持つ用語があり，それが法令用語といわれています。たとえば後で説明する「善意」，「悪意」という用語は，日常で使用される意味と，法令において有する意味とがまったく異なります。そのために法令用語を理解しておかないと，適切な法解釈を行うことができないのです。

(1)「又は」，「若しくは」

　「又は」と「若しくは」は，いずれも二つ以上の文言を選択的に接続するための接続詞で，英語の「or」と同様の意味です。ただし，法令用語としては，「又は」と「若しくは」は，厳密に使い分けられています。

　単純に「A or B」の場合には，「又は」が使われます。この「B」の部分がさらに細分化され「B1 or B2」となる場合には「若しくは」が使用されます。さらに「B2」の部分がさらに細分化され「B' or B"」となる場合にも「若しくは」が使用されます。前者の「若しくは」を「大若し（おおもし）」，後者の「若しくは」を「小若し（こもし）」といって，区別されています。実際の条文を見てみましょう。

【国立大学法人法】
第十一条の二　役員（監事を除く。）が不正の行為をし，若しくは当該行為をするおそれがあると認めるとき，又はこの法律若しくは他の法令に違反

> する事実若しくは著しく不当な事実があると認めるときは，遅滞なく，そ
> の旨を学長に報告するとともに，文部科学大臣に報告しなければならない。

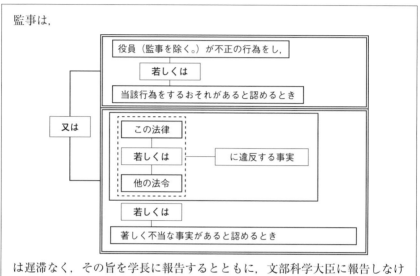

```
監事は，
```
```
       役員（監事を除く。）が不正の行為をし，
            若しくは
       当該行為をするおそれがあると認めるとき

 又は      この法律
            若しくは         に違反する事実
           他の法令
            若しくは
       著しく不当な事実があると認めるとき
```

は遅滞なく，その旨を学長に報告するとともに，文部科学大臣に報告しなけ
ればならない。

(2)「及び」，「並びに」

「及び」と「並びに」は，いずれも二つ以上の文言を並列に接続するための接
続詞で，英語の「and」と同様の意味で使用されています。ただし，法令用語と
しては，「及び」と「並びに」の用語は，厳密に使い分けられています。

単純に「A and B」の場合には，「及び」を使います。A，B，C，D，E と三つ
以上の語句を結び付ける場合には「A，B，C，D 及び E」という形で表現されま
す。一方，A，B，C，D について，「A と B」のグループと「C と D」のグルー
プが，並列で規定される場合には「A 及び B 並びに C 及び D」という形で，二
つのグループを結び付ける用語として「並びに」が使用されます。

【日本国憲法】
第六十二条　両議院は，各々国政に関する調査を行ひ，これに関して，証人
　の出頭及び証言並びに記録の提出を要求することができる。

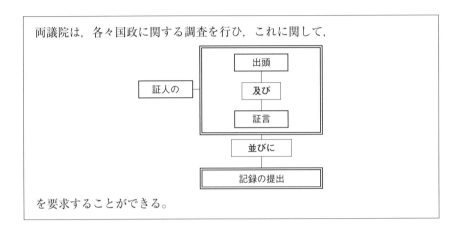

(3)「その他の」,「その他」
　「その他の」と「その他」については「の」の有無だけの違いですが，法令用
語として，この二つの言葉には大きな違いがあります。「その他の」は，「その他
の」によって結び付けられる用語が全体と部分の関係にある場合に使用されます。
たとえば「Aその他のB」という場合には，「A」は「B」の一部であることを意
味します。
　一方，「その他」は，「その他」によって結び付けられる用語が全体と部分の関
係にはなく，並列関係にある場合に使用されます。たとえば「Aその他B」とい
う場合には，「A」は「B」の一部ではなく「A」と「B」が並列になります。

【日本国憲法】
第九条第二項　前項の目的を達するため，陸海空軍その他の戦力は，これを
　保持しない。国の交戦権は，これを認めない。

その他の＝全体と一部の関係

戦力　　　　陸海空軍

【日本国憲法】
第二十条第三項　国及びその機関は，宗教教育その他いかなる宗教的活動も
してはならない。

その他＝並列の関係

宗教的活動　　　　宗教教育

(4)「者」，「物」，「もの」

「者」は，法律上の人格を有する主体，すなわち自然人及び法人を指す場合に
用いられます。一方，「物」は，人格を有する者以外の有体物を指す場合に用い
られます。

「もの」は，「者」又は「物」に当たらない抽象的なものを指す場合に使用され
ます。また，法人格のない主体や法人格のない主体と法人格を有する者（自然人
及び法人）とを含めて指す場合にも「もの」が用いられます。さらに，「次に掲げ
る者で第〇条の規定に該当しないもの」や「破産者で復権を得ないもの」のよう
に英語の関係代名詞に当たる用法で一定の者又は物を限定する場合にも用いられ
ます。

【民法】
①第八十九条　天然果実は，その元物から分離する時に，これを収取する権
利を有する者に帰属する。
②第八十五条　この法律において「物」とは，有体物をいう。
④第十三条第四項　保佐人の同意を得なければならない行為であって，その

同意又はこれに代わる許可を得ないでした<u>もの</u>は，取り消すことができる。

【文化財保護法】
③第二条　この法律で「文化財」とは，次に掲げる<u>もの</u>をいう。
　一　建造物，絵画，彫刻，工芸品，書跡，典籍，古文書その他の有形の文化的所産で我が国にとつて歴史上又は芸術上価値の高いもの（略）
　二　演劇，音楽，工芸技術その他の無形の文化的所産で我が国にとつて歴史上又は芸術上価値の高いもの（略）

(5)「場合」，「とき」，「時」
　「場合」は，仮定的な条件又はすでに規定された事項を引用する包括的な条件を示す場合に用いられます。また，「とき」は，「場合」と同じように仮定的な条件を表す場合に用いられます。なお，「場合」と「とき」の使い分けについては，明確な基準はありませんが，「場合」と「とき」の両者を重ねて用いる場合には，大きな条件を「場合」で示し，小さな条件を「とき」で示します。
　一方，「時」は，一定の時刻・時点を示す語として用いられます。

【民法】
第二十三条　住所が知れない<u>場合</u>には，居所を住所とみなす。
2　日本に住所を有しない者は，その者が日本人又は外国人のいずれであるかを問わず，日本における居所をその者の住所とみなす。ただし，準拠法を定める法律に従いその者の住所地法によるべき<u>場合</u>は，この限りでない。
第二十四条　ある行為について仮住所を選定した<u>とき</u>は，その行為に関しては，その仮住所を住所とみなす。
第三十二条の二　数人の者が死亡した<u>場合</u>において，そのうちの一人が他の者の死亡後になお生存していたことが明らかでない<u>とき</u>は，これらの者は，同時に死亡したものと推定する。

(6) 「以上」,「以下」,「超える」,「未満」

「以上」と「以下」は，一定の数量を基準点として，それより多いあるいは少ないことを表現する場合に使われています。

一方，「超える」と「未満」については，「超える」は基準点を含まずそれより上を意味し，「未満」は基準点を含まずそれより下を表現する場合に使われます。

【建築基準法】

第六条第一項第三号　木造以外の建築物で二以上の階数を有し，又は延べ面積が二百平方メートルを超えるもの

第二十七条第一項第四号　劇場，映画館又は演芸場の用途に供するもので，主階が一階にないもの（階数が三以下で延べ面積が二百平方メートル未満のものを除く。）

---

(7) 「以前」,「以後」,「以降」,「前」,「後」

いずれも，時間的限定をする場合に用いられます。「以前」,「以後」,「以降」は，基準点となる日時を含めていう場合に用いられます。なお，「以後」と「以降」とは，同義語であり，厳密的な使い分けはなされていません。ただし，一般的には「以後」が多く用いられ，「以降」は，制度的に毎年又は定期的に継続して行われる事項を規定する場合に用いられることが多いようです。

一方，「前」「後」は，基準点となる日時を含まないでいう場合に用います。したがって，「4月1日前」は「3月31日以前」と，「4月1日後」は「4月2日以後」は同じ内容を表現しています。

【地方税法】

（大規模の償却資産の価格等の決定等）

第七百四十三条　道府県知事は，前条第一項又は第三項の規定によつて指定した償却資産については，その指定した日の属する年の翌年以降，毎年一月一日現在における時価による評価を行つた後，その価格等を決定し，決定した価格等及び道府県が課する固定資産税の課税標準となるべき金額を毎年三月三十一日までに納税義務者及び当該償却資産の所在地の市町村長

●初日不算入の原則

　期間の計算について，民法 138 条は「期間の計算方法は，法令若しくは裁判上の命令に特別の定めがある場合又は法律行為に別段の定めがある場合を除き，この章の規定に従う」として，その原則を規定しています。

　そして，具体的には，時間によって期間を定めた場合はその時から起算することとされます（139 条）が，日，週，月又は年によって期間を定めた場合は，初日は算入されません（140 条。初日不算入の原則）。ただし，その期間が午前零時から始まるときは，初日が算入されます（同条ただし書）。この期間が満了するのは，その期間の最後の日が終了した時点です（141 条）。

　たとえばあなたが友人から「3 日以内に返してね」と言われて，4 月 1 日のお昼頃に本を借りたとします。そうすると，初日である 4 月 1 日は算入されずに 4 月 2 日から計算して 3 日目である 4 月 4 日中には本を返さなければなりません。

　また，週，月又は年によって期間を定めた場合は，暦に従って計算され（143 条 1 項），その最後の週，月又は年の起算日に応当する日の前日限りで満了します（同条 2 項）。たとえば，4 月 1 日から起算する場合の「1 年間」は，閏年でも翌年の 4 月 1 日の前日の 3 月 31 日に満了します。その場合，たとえば 1 月 31 日から「1 月間」を起算する場合のように最後の月に応当日がないときは（2 月 31 日はありません），その月の末日，すなわち 2 月 28 日に満了します。このほか，期間の最後の日が日曜，祝日その他の休日でその日に取引を行わない慣習がある場合は，その翌日に満了します（142 条）。

　ただし，年齢の計算に関しては，年齢計算ニ関スル法律という法律があって，その第 1 項に「年齢ハ出生ノ日ヨリ之ヲ起算ス」と規定されています。つまり，生まれた時刻が何時かを問わず，その生まれた日を第 1 日目として年齢を計算することになっているのです。年齢計算ニ関スル法律第 1 項は，一般の期間の計算とは異なり，初日算入の原則が採られています。その

ため，令和6年4月1日生まれの子どもは，令和12年3月31日に満6歳になり，翌日の4月1日から小学校に入学することになります。そのため，1月1日から4月1日までに子どもたちは「早生まれ」といわれることもあります。

(8)「適用する」，「準用する」，「例による」

「適用する」とは，ある事項について，特定の規定をそのまま当てはめて，法的効果等を発生させることをいいます。

「準用する」とは，ある事項について，それとは本質的には性質が異なる事項に係る規定を借用してきて，その規定に必要な修正を加えて当てはめて機能させることをいいます。

「例による」とは，ある事項について，それとは本質的には性質が異なる事項にかかる制度全般を借用して，その制度によるのと同じような取扱いをすることをいいます。「準用する」が個々の規定の借用であるのに対して，「例による」は制度の借用である点が異なります。

【社会福祉法】

第四十五条の七　理事のうち，定款で定めた理事の員数の三分の一を超える者が欠けたときは，遅滞なくこれを補充しなければならない。

2　前項の規定は，監事について準用する。

第百五十五条　次に掲げる者が，自己若しくは第三者の利益を図り又は社会福祉法人若しくは社会福祉連携推進法人に損害を加える目的で，その任務に背く行為をし，当該社会福祉法人又は社会福祉連携推進法人に財産上の損害を加えたときは，七年以下の懲役若しくは五百万円以下の罰金に処し，又はこれを併科する。

　一　評議員，理事又は監事

　二，三　（略）

第百五十七条　第百五十五条及び前条第一項の罪は，日本国外においてこれらの罪を犯した者にも適用する。

(9) 「善意」,「悪意」

　日常生活で「善意」というと，他人のためを思う親切心のことを意味し，「悪
意」とは，他人に害を与えようとする悪い感情や敵意のことを意味します。法令
用語の「善意」,「悪意」は，これとはまったく異なる意味で使われます。

　法令用語における「善意」,「悪意」は，道徳的意味合いとは関係なく，単にあ
る事柄を知っているか知っていないかということを区別するための用語に過ぎま
せん。ある事柄を知っていることを「悪意」といい，知らないことを「善意」と
いいます。

　たとえば，民法189条は「善意の占有者は，占有物から生ずる果実を取得する」
と規定していますが，この「善意」とは，果実を収取する権利を有しないにもか
かわらず，これを有すると誤信することをいいます。つまり，果実を収取する権
利を有しないことを知らないことを意味します。一方，190条は「悪意の占有者
は，果実を返還し，かつ，既に消費し，過失によって損傷し，又は収取を怠った
果実の代価を償還する義務を負う」と規定していますが，この悪意は，果実を収
取する権利がないことを知っていることを意味します。

(10) 「違法」,「不当」

　違法とは，ある行為や状態が法律に違反する状態にあることを意味する言葉で
す。一方，不当は，法律に違反するわけではないが，その行為や状態が法律や制
度の目的や趣旨に照らして妥当でないことを意味します。

る不服申立てをすることができるための制度を定めることにより，国民の権利利益の救済を図るとともに，行政の適正な運営を確保することを目的とする。

2　（略）

(11)「無効」,「取消」

　無効は，法律行為や行政処分等について，当事者が意図した法律効果が行為等の初めからまったく生じないことを意味します。一方，取消とは，いったん有効に成立した法律行為や行政処分等の法律効果を，行為等の初めに遡って消滅させることをいいます。つまり，何らかの瑕疵(かし)があるなどの理由によって取消の対象となる行為であっても，取り消されるまでは有効ということになります。

【民法】

第三条の二　法律行為の当事者が意思表示をした時に意思能力を有しなかったときは，その法律行為は，無効とする。

　（未成年者の法律行為）

第五条　未成年者が法律行為をするには，その法定代理人の同意を得なければならない。ただし，単に権利を得，又は義務を免れる法律行為については，この限りでない。

2　前項の規定に反する法律行為は，取り消すことができる。

3　（略）

第9章

訴訟手続を学ぼう

　訴訟手続は，大きく，民事訴訟，行政訴訟，刑事訴訟に分類することができます。ただし，行政訴訟については，行政事件訴訟法において行政訴訟の類型等は規定されているものの，訴訟手続は基本的に民事訴訟の例によることとされています（行政事件訴訟法7条）。そのためここでは，民事訴訟と刑事訴訟について説明することにします。

1　民事訴訟

(1) 民事訴訟の分類

　民事訴訟は，①通常訴訟，②手形・小切手訴訟，③少額訴訟，④家事事件に分類することができます。

①**通常訴訟**　　私人の間の法的な紛争の解決を求める訴訟です。この訴訟の例としては，貸金の返還，不動産の明渡し，損害に対する賠償を求める訴え等があります。通常訴訟は，民事訴訟法（以下「民訴法」といいます）に従って審理が行われます。

②**手形・小切手訴訟**　　民訴法の特別の規定によって審理される手形・小切手金の支払を求める訴訟です。手形・小切手訴訟では，訴訟の目的は，手形・小切手による金銭の支払請求とこれに伴う法定利率による損害賠償請求に限定されています（民訴法350条1項・367条1項）。手形・小切手訴訟には，最初の口頭弁論期日で審理を完了するという一期日審理の原則（民事訴訟規則（以下この章では「民訴

規則」といいます）214条）や証拠は原則として書証に限られる（民訴法352条1項・367条2項）など，通常訴訟とは異なるルールが定められています。

③**少額訴訟**　　簡易迅速な手続により60万円以下の金銭の支払を求める訴訟です。即時解決を目指すため，一期日審理の原則の下で審理が行われます（民訴法370条1項）。このため，証拠書類や証人は，審理の日にその場ですぐに調べることができるものに限られます。法廷では，基本的には，原告と被告が裁判官と共に丸いテーブル（ラウンドテーブル）に着席する形式で，審理が進められます（図9-1）。

●少額訴訟の特徴
①裁判所は，原則として，1回の期日で審理を終えて，即日，判決をします（民訴法370条1項，374条1項）。
②被告は，被告が最初にすべき口頭弁論の期日において弁論をするか，あるいはその期日が終了するまでは，訴訟を通常の手続に移行させる旨の申述をすることができます（同法373条1項）。
③少額訴訟手続によって裁判所がした判決に対して不服がある人は，判決又は判決の調書の送達を受けてから2週間以内に，裁判所に対して「異議」を申し立てることができます（同法378条1項）。異議の申立てがあったときは，裁判所は，通常の訴訟手続によって，引き続き原告の請求について審理を行い，判決をすることになります（同法379条1項）。ただし，この判決に対しては控訴をすることができません（同法377条）。

---

④**家事事件**　　家庭内の紛争などの家庭に関する事件は，家族の感情的な対立が背景にあることが多いので，これを解決するには，法律的な観点からの判断をするばかりでなく，相互の感情的な対立を解消することが求められています。また，家庭に関する事件を解決するに当たっては，その性質上，個人のプライバシーに配慮する必要があります。

　そこで，家庭内の紛争やその他法律で定める家庭に関する事件については，家庭裁判所が，非公開の手続で，どのようにすれば家庭や親族の間で起きた様々な問題が円満に解決されるのかということに重点を置いて，具体的妥当性を図りな

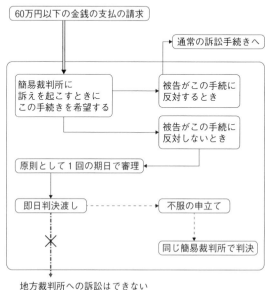

図9-1　少額訴訟の仕組み

から処理する仕組みになっています。

　この家庭に関する事件は一般に家事事件と呼ばれています。家事事件は，さらに，審判事件及び調停事件の二つに分かれます。

(2) 裁判所の管轄

①**職分管轄**　裁判所は，裁判所が果たすべき任務の違いで区別されますが，その配分に関する定めを職分管轄といいます。たとえば，判決手続は受訴裁判所が行い，民事執行手続は執行裁判所の職分となります。

　受訴裁判所における審級管轄も職分管轄の一種とされます。第一審は，訴額に応じ，簡易裁判所と地方裁判所に分かれます。簡易裁判所が第一審の場合は，地

方裁判所が控訴審裁判所，高等裁判所が上告審裁判所となります。

②**事物管轄**　事件の第一審の管轄を，地方裁判所と簡易裁判所のいずれにおいて管轄するかという管轄区分です。

　訴額が140万円以下の訴えは簡易裁判所の管轄に属し，それを超える訴えは地方裁判所の管轄に属します（裁判所法33条1項，24条1号）。ただし，訴額が140万円以下の不動産関係の訴訟については，両裁判所とも管轄権を有します（競合管轄）。そのため，訴訟を提起しようとする人は，地方裁判所と簡易裁判所のどちらに対しても申立てをすることができます。

③**土地管轄**　ある区域に関係する事件をどの土地の裁判所が担当するかという管轄区分です。土地管轄は，普通裁判籍と特別裁判籍とからなります。

　❶**普通裁判籍**　普通裁判籍とは，被告に対するあらゆる訴えを提起できる土地管轄です。民訴法4条は，被告が自然人の場合は被告の住所（1項），法人その他の団体の場合は主たる事務所又は営業所（4項）が普通裁判籍です。

　❷**特別裁判籍**　特別裁判籍は，特定の種類の請求についてのみ認められる裁判籍で，独立裁判籍と関連裁判籍があります。独立裁判籍は，一定の種類の事件について，他の事件や請求に関係なく認められる裁判籍を独立裁判籍といいます。たとえば，不法行為の場合も不法行為地，財産上の訴えの場合の義務履行地，特許権の場合の東京地裁及び大阪地裁などです。関連裁判籍は，他の事件や請求との関連で認められる裁判籍です。たとえば，A事件について裁判籍が認められる場合に，B事件を併せて訴えを提起した場合（併合請求）にB事件についても裁判籍が認められることなどがあります。

(3) 訴えの類型

①**給付の訴え**　給付の訴えとは，被告に特定の給付を求める訴えをいいます。「給付」とは，被告となる者の義務の履行としてなす作為又は不作為を意味します。そのため，売買代金の支払いを求める訴えや建物の撤去を求める訴え，だけでなく騒音を出さないように求める訴えのように不作為を求める訴えも給付の訴えに含まれることになります。

●作為と不作為

有斐閣『法律用語辞典（第5版）』463頁によると「人の行為のうちの特定の行為に着目したとき，当該行為を行わないこと（消極的挙動）を不作為というのに対して，当該行為を行うこと（積極的挙動）を作為という」とされています。

民事法における作為債務とは，ある特定の行為を行うべき債務です。たとえば，建物を収去する（取り壊す）債務のようなものがこれに当たります。一方，不作為債務とは，ある特定の行為を行わない債務で，たとえば，同種の営業を行わない債務や眺望を損なうような建物を建てない債務等が不作為債務に当たります。

刑事法では，殺人罪（刑法199条）の「人を殺した者」のようにナイフで刺す等の積極的動作によって犯罪が行われる場合を作為犯といい，不退去罪（同130条）の「退去しなかった者」のように，法的に求められた作為をしないことによって犯罪が行われる場合を不作為犯といいます。

【刑法】

（殺人）

第百九十九条　人を殺した者は，死刑又は無期若しくは五年以上の懲役に処する。

（住居侵入等）

第百三十条　正当な理由がないのに，人の住居若しくは人の看守する邸宅，建造物若しくは艦船に侵入し，又は要求を受けたにもかかわらずこれらの場所から退去しなかった者は，三年以下の懲役又は十万円以下の罰金に処する。

---

②**確認の訴え**　　確認の訴えとは特定の権利・義務または法律関係の有無を争い，その確認を求める訴えをいいます。権利関係の存在の確認を求める訴えを積極的確認の訴え，権利関係の不存在の確認を求める訴えを消極的確認の訴えといいます。

積極的確認の訴えの例としては，不動産の所有権が自己に帰属することの確認

を求める訴えがあります。一方，消極的確認の訴えの例としては，自己が特定の者に対して貸金債務を負っていないこと（不存在）の確認の訴えを挙げることができます。

確認の訴えは，給付の訴えとは異なり，債務名義[(1)]の取得を目的としておらず，争いとなっている権利関係の存否を確定することを目的とします。確認の訴えについて，請求を認容する判決も，請求を棄却する判決も確認判決です。確認判決は，執行力[(2)]を持たないため，相手方が任意に判決に従わない場合には，紛争を終局的に解決することができません。

③**形成の訴え**　　形成の訴えとは，既存の法律関係の変動（発生，変更，消滅）をもたらす法律要件（形成要件）が満たされることを主張し，その変動を宣言する判決を求める訴えをいいます。法律が定める一定の法律要件に基づき，裁判所の判決によって，法律関係が新たに形成（発生，変更，消滅）されるべきことを求める訴えであるため，形成の訴えといわれます。

形成の訴えの例としては，民法 770 条 1 項が定める離婚原因を主張し，離婚判決を求める訴え，株主総会決議の取消しを求める訴え（会社法 831 条 1 項），株式会社の役員の解任を求める訴え（会社法 845 条）等があります。

原告の請求が認められると，裁判所は，たとえば，「原告と被告とを離婚する」というように，権利・法律関係の変動を命じる判決（形成判決）を下します。これに対し，原告の請求が認められない場合には，請求原因が存在しないことを確定する判決（確認判決）が下されます。

（4）訴　　状

①**訴状の提出**　　訴えの提起は，当事者又は代理人が，請求の趣旨及び原因を記載した訴状を裁判所に提出して行わなければなりません（民訴法 133 条）。なお，令和 4 年 5 月 25 日に民事訴訟法等の一部を改正する法律が公布され，訴状等のオンライン提出が認められることになりました。

請求の趣旨とは，認容判決の判決主文に対応する判決内容を簡潔に記載したも

---

(1)　債務名義とは，債務者に給付義務を強制的に履行させる手続（強制執行）を行う際に，その前提として必要となる公的機関が作成した文書です。
(2)　執行力とは，民事裁判において，確定した給付判決に基づいて，強制執行をすることができる効力のことです。

のです。たとえば「被告 A は，原告 B に対して金 100 万円を支払え，との判決を求める。」と記載します。

　請求の原因とは，請求を特定するのに必要な事項で，請求の趣旨を補充するものです。たとえば「A と B が 2023 年 10 月 1 日に締結した売買契約契約に基づく債権について，その履行を求めること」などと記載します。

●訴訟費用の負担

　法律で定められている訴訟費用は，基本的には敗訴者が負担することになります。訴訟費用には，訴状やその他の申立書に収入印紙を貼付して支払われる手数料のほか，書類を送るための郵便料及び証人の旅費日当等があります。その額等は，民事訴訟費用等に関する法律において規定されています。

　なお，ここでいう訴訟費用は，訴訟を追行するのに必要なすべての費用を含むわけではありません。たとえば，弁護士費用は訴訟費用に含まれません。

②**訴状の審査**　　原告が官署としての裁判所に訴状提出すると，その事件は裁判機関としての裁判所に配布されます。その裁判長がその訴状について，必要的記載事項が記載されているかどうか，手数料相当額の印紙が貼られているかどうかを審査します。もしこれらについて不備があれば，裁判長は相当の期間を定め，その期間内に不備を補正するように命じなければなりません(補正命令。民訴法 137 条 1 項)。これに対して原告が補正命令に従わなかった場合は，裁判長は命令で訴状を却下しなければなりません (同条 2 項)。

●官署としての裁判所と裁判機関としての裁判所

　官署としての裁判所とは，裁判官その他の裁判所職員が配置された機関としての裁判所を意味します。裁判所法においては，最高裁判所，高等裁判所，地方裁判所，家庭裁判所及び簡易裁判所を置く旨が規定されています (1 条，2 条)。また，同法 3 条では，「裁判所は，日本国憲法に特別の定のある場合を除いて一切の法律上の争訟を裁判し，その他法律において特に定める権限を有する」と規定しています。このような裁判所法に規定されている「裁判所」は，官署としての裁判所を意味しています。

一方，裁判機関としての裁判所は，事件の審理・裁判を行う1人又は数人の裁判官によって構成される裁判所です。裁判機関としての裁判所に関する規定として，たとえば，民訴法87条1項ただし書きの「決定で完結すべき事件については，裁判所が，口頭弁論をすべきか否かを定める」や民訴法243条1項の「裁判所は，訴訟が裁判をするのに熟したときは，終局判決をする」という例を挙げることができます。

③**送達**　訴状の不備がなければ，訴状の副本が被告に送達されます（138条）。また，裁判所は第1回口頭弁論期日を指定し，当事者を呼び出さなければならないため（139条），当該期日への呼出状も当事者に送達します（94条）。

(5) 訴訟の審理

①**口頭弁論**　口頭弁論は，公開の法廷において，簡易裁判所では1人の裁判官による単独制裁判所，地方裁判所では単独制裁判所又は3人の裁判官の合議体（合議制裁判所）により，高等裁判所では原則として3人の裁判官の合議体により，それぞれ開かれます。口頭弁論期日においては，裁判長の指揮の下に，公開の法廷で手続が行われます（**図9-2**）。

②**準備書面**　口頭弁論期日に複雑あるいは予期しない攻撃防御方法が提出されると，相手方当事者及び裁判所は即座に応答することができずに期日において実質的な審理をすることができない可能性があります。そこで民訴法161条1項は「口頭弁論は，書面で準備しなければならない」としています。

準備書面には，「攻撃又は防御の方法」及び「相手方の請求及び攻撃又は防御の方法に対する陳述」を記載します（同条2項）。そして準備書面に記載した事項について相手方が準備するのに必要な期間をおいて裁判所に提出します（民訴規則79条1項）。

なお，相手方が在廷していない口頭弁論においては，準備書面に記載していない事実を主張することができません（民訴法161条1項）。

*このイメージ図は裁判官が1人で判断をする場合であり，事件によっては複数（3人）の裁判官が携わることもあります。
（出所）裁判所HPより。

図9-2　口頭弁論のイメージ図

●攻撃防御方法

　攻撃防御方法というとスポーツ等をイメージするかもしれませんが，民事訴訟では当事者の請求，主張を根拠付ける陳述のことです。原告が自己の請求を根拠付け，理由付けるためにする陳述を攻撃方法といいます。一方，被告が原告の請求を排斥し，あるいは訴訟要件が欠けていることを主張するときに，それを理由付けるためにする陳述を防御方法といいます。この二つを合わせて攻撃防御方法といいます。

③**争点整理手続**　　事実関係に当事者間に争いがあり，争点及び証拠の整理を行う必要がある事件については，裁判所は，証人尋問等の証拠調べを争点に絞って効率的かつ集中的に行えるように準備するため，争点及び証拠の整理手続を実施することができます。手続としては，準備的口頭弁論，弁論準備手続，書面による準備手続の3種類があり，裁判所は，事件の性質や内容に応じて手続を選択します。

❶準備的口頭弁論は，公開の法廷において行われ，争点等の整理に必要なあらゆる行為をすることができます。

❷弁論準備手続は，法廷以外の準備室等において行われる必ずしも公開を要しない手続です。争点等の整理のために証人尋問をできないなどの制約があります。

❸書面による準備手続は，当事者が遠隔地に居住しているときなどに，両方の当事者の出頭なしに準備書面の提出等により争点等を整理する手続です。

④証拠調べ　　口頭弁論又は争点及び証拠の整理手続において，当事者間の争点が明らかになれば，その争点について判断するために，裁判所は書証の取調べ，証人尋問，当事者尋問等の証拠調べの手続を行います。

　証人は，原則として尋問を申し出た当事者が最初に尋問し，その後に相手方が尋問を行います。裁判所は，通常は，当事者が尋問を終えた後に尋問を行いますが，裁判長は，必要があると考えたときは，いつでも質問することができます。

(6) 訴訟の終了

①判決　　最も典型的な訴訟手続の終了は，判決です。裁判所が，証拠調べを行った後，原告の請求について認容又は棄却の心証を得たときは，口頭弁論を終結して判断を下します。判決は，法廷において，原則として判決書の原本に基づいて言い渡されます。

　判決書には，主文，当事者の主張，判断の理由等が記載され，言い渡し後速やかに当事者双方に送達されます。

②その他の終了事由　　訴訟手続は，訴えの取下げ，請求の放棄・認諾，裁判上の和解によっても終了します。

　❶訴えの取下げ　　訴えの取下げとは，原告が自ら提起した訴えの全部又は一部を撤回する訴訟行為です。提訴後，当事者間に和解が成立したためになされることが多くあります。訴えの取下げは，控訴審や上告審でも認められます（民訴法292条，313条参照）。

　裁判所が訴訟上の請求について判決（本案判決）を下した後であっても，それが確定する前であれば，訴えを取り下げることができます（民事訴法261条1項）。ただし，相手方がすでに本案（原告の請求の理由の当否に関する弁論・裁判）につい

て準備書面を提出し，弁論準備手続において申述し，又は，口頭弁論をしている
ときは，相手方の同意を必要とします（民訴法261条2項）。

　慎重を期すため，訴えの取下げは書面で行わなければなりませんが，口頭弁論
等の期日においては口頭でも行うことができます（同条3項）。

　訴えが取り下げられると，訴訟は初めから係属していなかったものとみなされ
ます（同条1項）。

　❷請求の放棄・認諾　　請求の放棄とは，原告が自らの請求に理由がないと認
める陳述を行うことをいいます。他方，請求の認諾とは，被告が原告の請求に理
由があると認める陳述を行うことをいいます。請求の放棄・認諾は，口頭弁論，
弁論準備手続又は和解の期日において口頭で行う必要があります（民訴法266条1
項）。

　請求の放棄・認諾が口頭弁論調書に記載されると，調書の記載は確定判決と同
一の効力を持ちます（民訴法267条）。

　❸訴訟上の和解　　和解とは両当事者が互いに譲り合い，紛争を解決する契約
を指します（民法695条）。この和解を，訴訟係属中，口頭弁論等の期日において
なされることを訴訟上の和解といいます。和解が成立すると，裁判所が和解の内
容をまとめた「和解調書」を作成します。和解内容を和解調書に記載したときは，
その記載は，確定判決と同一の効力を有することになります（民訴法267条）。

　両当事者が互いに譲り合わず，たとえば，被告が原告の見解を全面的に受け入
れる場合は，請求の認諾であり，訴訟上の和解ではありません。

　訴訟上の和解の要件としては，①当事者が審判対象について自由に処分できる
こと，②和解内容が公序良俗に反しないことその他法令の定めに反しないこと，
③訴訟係属中になされたものであること，④当事者の訴訟能力，あるいは代理人
に必要な授権がされていること，が挙げられます。

(7) 上　　訴

　第一審裁判所の判決に不服のある当事者は，判決送達日から2週間以内に上級
裁判所に対して控訴をすることができ，第二審（控訴審）裁判所の判決に不服の
ある当事者は，上告をすることができます。

　第一審の地方裁判所の判決に対しては，管轄を有する高等裁判所に対して控訴
することができ，第二審の高等裁判所の判決に対しては，最高裁判所に上告する
ことができます。

第一審の簡易裁判所の判決に対しては，地方裁判所に対して控訴することができ，第二審の地方裁判所の判決に対しては，高等裁判所に上告することができます。第三審の高等裁判所の判決に対しては，例外的に，憲法問題がある場合には，最高裁判所に上訴することができます。この上訴は，「特別上告」と呼ばれています。

　最高裁判所では，通常5人の最高裁判所判事で構成される小法廷で審理されます。しかし，憲法問題を含むような事件については，15人全員の最高裁判所判事で構成される大法廷で審理されます。

●最高裁判所における裁判の流れ

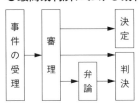

定められた期間内に上告理由書（刑事では上告趣意書）が提出されなかったり，上告の申立ての理由が明らかに法定の上告理由に当たらないときなどには，決定で終了することになります。

　判決を言い渡す場合には，原則として，弁論を開いて当事者に意見を述べる機会を設けることになりますが，上告に理由がないときなどには，弁論を開かないで判決することがあります。

●最判と最決

　最判は最高裁判決の，最決は最高裁決定の略で，判例を引用する際等に使用される表記です。

　判決は，必ず法廷を開いて言い渡すもので，判決には「結論」に当たる「主文」（たとえば「上告を棄却する」）とともに，なぜその結論に至ったのか，具体的な理由も書かれています。さらに，裁判所法11条において，最高裁の「裁判書には，各裁判官の意見を表示しなければならない」と規定しているため，裁判に関与した裁判官の各自の意見は，必ず裁判書に示されなければなりません（意見表示制度）。全員一致の意見や多数意見は複数の裁判官の名前が列挙されますが，「補足意見」，「反対意見」等については個々の裁判官の名前が表示されます。

なお，裁判所法 11 条の規定にある「裁判書」というのは裁判の判決文のことです。裁判所との混同を防ぐため「さいばんがき」と呼ばれることがあります。
　一方，定められた期間内に上告理由書（刑事では上告趣意書）が提出されなかったり，上告の申立ての理由が明らかに法定の上告理由に当たらないときなどには，決定で終了することになります。「決定」の場合は，法廷は開かれません。つまり門前払いのような終了の方法です。

2　民事執行手続

(1)　自力救済の禁止

　裁判の結果，債権者の権利が認められたとしても，権利の強制的実現を債権者に委ねると，力の強い債権者が過酷な取り立て等を行うことによって，治安の悪化を招くことになりかねません。あるいは，債務者の抵抗を排除するだけの力を有しない債権者の権利は実現されないままとなることもあります。そのため，私人が他人の生活領域に入り込んで権利を強制的に実現することは原則的に禁止されています（自力救済の禁止）。私人は，力の強い者も弱い者も，国家の執行機関に救済（権利の強制的実現）を求めなければならず，また，求めることができるとされているのです。

(2)　強制執行制度

　勝訴判決を得たり，相手方との間で裁判上の和解が成立したにもかかわらず，相手方が判決等に従わず，金銭を支払わないなどという場合に，判決などの債務名義を得た人（債権者）の申立てに基づいて，相手方（債務者）に対する請求権を，裁判所が強制的に実現する手続が強制執行手続です。
　債務名義がなければ強制執行の申立てはできません。債務名義の主なものとして，確定判決，仮執行の宣言を付した判決，仮執行の宣言を付した支払督促，確定した執行決定のある仲裁判断等があります（民事執行法 22 条）。
　わが国においては，強制執行は，原則として，民事執行法の定めるところにより行われなければならず，債権者自らが強制的に債権の実現を図る，いわゆる自

力救済は認められていません。ただし，最高裁は，「私力の行使は，原則として法の禁止するところであるが，法律に定める手続によつたのでは，権利に対する違法な侵害に対抗して現状を維持することが不可能又は著しく困難であると認められる緊急やむを得ない特別の事情が存する場合においてのみ，その必要の限度を超えない範囲内で，例外的に許されるものと解することを妨げない」として，例外的に自力救済が認められる場合もあるとしています。⁽³⁾なお，この判決の事案では，自力救済は認められていません。

3 刑事訴訟手続

(1) 刑事手続

①**意義**　どのような行為に対してどのような刑罰を課すかを定めた法律が刑事実体法といわれます。たとえば，刑法199条では，「人を殺した者は，死刑又は無期若しくは五年以上の懲役に処する」と規定しています。刑事実体法としては，刑法以外にも，ストーカー行為に関する「ストーカー行為等の規制に関する法律」，家庭内暴力に関する「配偶者からの暴力の防止及び被害者の保護に関する法律」等，多くの特別法があります。

　一方，刑事実体法で規定される犯罪に該当すると考えられる事案が生じた場合に，実際に刑罰を科すための手続が刑事手続法で，その中心となるのが刑事訴訟法（以下「刑訴法」といいます）です。刑事手続法としては，その他にも「裁判員の参加する刑事裁判に関する法律」等の特別法もあります。

　刑事手続法では，犯罪と思われる事案が発生した場合，その罪を犯した人には罪の重さに応じた適正な刑罰を科さなければならず，真の犯人に適正な科刑を行うための手続が定められています。

②**無罪の推定の原則**　人権保障の観点から，真の犯人でない者に刑罰を科すことは許されません。このため，「無罪の推定」という原則があります。この無罪の推定とは，犯罪を行ったと疑われて捜査の対象となった人（被疑者）や刑事裁判を受ける人（被告人）について，「刑事裁判で有罪が確定するまでは「罪を犯し

---

(3)　最判昭和40年12月7日民集第19巻9号2101頁。

ていない人」として扱わなければならない」とする原則です。「無罪の推定」は，世界人権宣言や国際人権規約に定められている刑事裁判の原則です。憲法31条は「何人も，法律の定める手続によらなければ，その生命若しくは自由を奪はれ，又はその他の刑罰を科せられない」としていますが，ここには，法律の定める手続によって有罪判決を受けるまでは，刑罰を科せられないという無罪推定の原則が含まれると解されています。

　このようにすべての被告人は無罪と推定されることから，刑事裁判では，検察官が被告人の犯罪を証明しなければ，有罪とすることができません。様々な事実について，証拠によって存在が確信できないとき，裁判所は，被告人に有利な方向で判断しなければなりません。これを「疑わしきは被告人の利益に」といいます。

③適正手続の保障と実体的真実主義　　刑事訴訟の判決によって，有罪判決がなされると死刑や懲役等，個人の人権を大きく制約する刑が科される場合があります。そのため，刑事訴訟においては，国家権力の恣意的行使も防がなくてはなりません。日本国憲法は，前述のとおり，法律で定められた手続によらなければ刑罰を科すことができないと定めています。これを受けて，刑訴法1条は，「この法律は，刑事事件につき，公共の福祉の維持と個人の基本的人権の保障とを全うしつつ，事案の真相を明らかにし，刑罰法令を適正且つ迅速に適用実現することを目的とする」と規定し，刑事訴訟の目的として，適正手続の保障を規定するとともに，真相の究明という実体的真実主義を明らかにしています。

（2）刑事手続に関係する人，機関等
①被疑者・被告人　　何らかの犯罪が発生した場合に，その犯人として捜査の対象となった人，罪を犯した疑いのある人のことを被疑者といいます。そして，その後，起訴されて公判の段階になると，被告人と呼ばれます。

②捜査機関（警察等・検察官）　　犯罪が発生した場合，一般的に，警察が捜査を行います。警察は，捜査の後，事件を検察官に送致し，その後は検察官が警察等と協力して捜査を行います。起訴・不起訴の処分権限を有するのは，検察官だけです(刑訴法247条)。検察官は，起訴・不起訴の判断をする前提として，適正・効果的な捜査が行われるように，警察等に対する指示や指揮をすることができま

す（刑訴法 193 条）。

> ●**検事と検察官**
>
>   検事とは，検察官の役職の一つです。検察官は，検事総長，次長検事，検事長，検事及び副検事に区分されます。このうち，検事総長，次長検事及び検事長は，内閣が任免し，天皇が認証することとなっています。
>
>   検事総長は，最高検察庁の長です。検察官の最高位に位置付けられます。次長検事も最高検察庁に属し，検事総長を補佐します。検事長は，全国に 8 か所ある高等検察庁の長です。地方検察庁の長は，検事正です。

③**裁判所**　　裁判所は，当事者である検察官，被告人やその弁護人の訴訟活動を指揮・整理するなど裁判手続を主宰します（図9-3）。また，証拠に基づいて事実を認定し，最終的に判決を宣告します。さらに，捜査段階においても，捜査機関の請求により，逮捕状や捜索差押令状の発付も行います。

　刑事訴訟についても，民事訴訟と同様に，裁判の管轄には事物管轄と土地管轄があります。管轄権のない裁判所に公訴を提起した場合，原則として，管轄違いの判決により手続が打ち切られることになります（刑訴法 329 条）。

　❶**事物管轄とは**　　事物管轄とは，犯罪の種類（罪名又は刑名）を標準として，その軽重によって定められた第一審の管轄の分配をいいます。

- ・簡易裁判所は，①罰金以下の刑に当たる罪，②選択刑として罰金が定められている罪，③常習賭博罪・賭博場開帳罪，窃盗罪・同未遂罪，横領罪，盗品等に関する罪の事件を管轄します（裁判所法 33 条 1 項 2 号）。
- ・地方裁判所は，罰金以下の刑に当たる罪の事件及び高等裁判所が第一審を担当する事件を除くほか，すべての罪の事件を管轄します（裁判所法 24 条 2 号）。
- ・高等裁判所は，内乱罪に当たる事件について第一審の管轄権を有します（裁判所法 16 条 4 号）。

　❷**土地管轄とは**　　土地管轄とは，事件の土地的関係によって定められた第一審の管轄の分配をいいます。

　各裁判所は，その管轄区域内に，「犯罪地」又は被告人の「住居」「居所」「現

＊このイメージ図は裁判官3人の合議体で裁判をする場合であり，事件によっては裁判官が1人で裁判を行う場合もあります。
（出所）裁判所HPより。

図9-3　公判のイメージ図

在地」がある事件について，土地管轄を有します（刑訴法2条1項）。
　「犯罪地」とは，犯罪事実の全部又は一部が発生した場所をいいます。行為地と結果発生地が異なる場合は，両者が犯罪地となります。

●裁判員制度

　裁判員制度とは，刑事裁判に国民から選ばれた裁判員が参加する制度です。平成21年5月21日から実施されています。裁判員裁判は，刑事裁判の第一審のみで行われ，控訴審と上告審では行われません。

　裁判員は，刑事裁判の審理に出席して証拠を見聞きし，裁判官と論議して，被告人が有罪か無罪かを判断します。有罪と判断される場合には，さらに，法律に定められた範囲内で，どのような刑罰を宣告するかを決めます。

　裁判員制度の対象となるのは，殺人罪，強盗致死傷罪，傷害致死罪，現住建造物等放火罪，身代金目的誘拐罪などの重大な犯罪の疑いで起訴された事件です。原則として，裁判員6名と裁判官3人が，一つの事件を担

当します。

④**弁護人**　　弁護人は，選任されて，被疑者・被告人の正当な権利を守る任務を負う者です。

日本国憲法34条では，「何人も，理由を直ちに告げられ，且つ，直ちに弁護人に依頼する権利を与へられなければ，抑留又は拘禁されない」とされています。さらに，憲法37条3項では「刑事被告人は，いかなる場合にも，資格を有する弁護人を依頼することができる」とされています。この憲法の規定を受けて，刑訴法36条は，「被告人が貧困その他の事由により弁護人を選任することができないときは，裁判所は，その請求により，被告人のため弁護人を附しなければならない」と国選弁護人の制度を規定しています。また，刑訴法289条では，「死刑又は無期若しくは長期3年を超える懲役若しくは禁錮にあたる事件を審理する場合には，弁護人がなければ開廷することはできない」として，必要的弁護事件を規定しています。

●**刑事訴訟と民事訴訟**

刑事訴訟と民事訴訟では，様々な違いがあります。ここではその違いのいくつかを確認してみましょう。

①**訴訟の目的**

民事訴訟では，私人の間で権利関係等に関する紛争がある場合に，裁判所がどのような事実があるかを確認し，その事実を前提として法律を適用して，当事者間にどのような権利関係等があるかを判断します。

一方，刑事訴訟では，裁判所が，どのような事実が存在し，起訴された被告人が罪を犯したか，刑罰を課すことができるか，罪を犯したとしてどのような刑罰を課すのが妥当かなどを判断します。

②**訴訟の当事者**

刑事訴訟は，検察官だけが起訴することができます。起訴された人を「被告人」といいます。一方，民事訴訟では，私人と私人の争いなので，当事者の一方が相手方を訴えることになります。この訴えた方を「原告」といい，訴えられた方を「被告」といいます。

このように被告と被告人とでは大きな違いがあるのです。

③公判と口頭弁論

　刑事裁判の法廷で行われる手続を公判と呼びます。これに対して民事裁判の法廷で行われる手続は口頭弁論と呼ばれています。

(3) 公判前整理手続

　裁判所は，充実した公判の審理を継続的，計画的かつ迅速に行うため必要があると認めるときは，最初の公判期日の前に，公判前整理手続を行うことができます（刑訴法316条の2）。

　公判前整理手続では，検察官と弁護人の主張を聴き，真に争いがある点（争点）はどこかを明確化し，裁判所，検察官，弁護人が一緒に，争点を立証するためにはどのような証拠が必要か，それらの証拠をどのような方法で調べるのが相当か，などを検討します。そして，公判の日程をどうするか，証拠調べにはどのくらいの時間を当てるか，証人はいつ尋問するかなど，判決までのスケジュールを立てます。この手続を行うことによって，短い期間で争点に集中した充実した審理が期待できます。

　なお，裁判員裁判の対象事件では，必ず公判前整理手続を行わなければなりません（裁判員の参加する刑事裁判に関する法律49条）。

(4) 公判手続

　日本国憲法37条では「すべて刑事事件においては，被告人は，公平な裁判所の迅速な公開裁判を受ける権利を有する」と規定しています。このため，公判手続は，原則として，公開の法廷で行われなければなりません。公判には裁判官，裁判所書記官，検察官が出席することとされています（刑訴法282条）。また，原則として，被告人が出頭しなければ法廷を開くことができません（刑訴法286条）。さらに，一定の重大事件（死刑又は無期若しくは長期3年を超える懲役若しくは禁錮に当たる事件）については，弁護人も出頭しなければ法廷を開くことはできません（必要的弁護事件。刑訴法289条1項）。

　公判の手続は，①冒頭手続，②証拠調べ手続，③弁論手続，④判決の4段階に大きく分けることができます。

①**冒頭手続**　冒頭手続では，❶人定質問，❷起訴状朗読，❸権利告知，❹罪状認否の手続が行われます。

> ❶人定質問：裁判所が，起訴状に記載された氏名，本籍，住居，職業などから，被告人が人違いではないかどうかを確かめる手続をいいます（刑事訴訟規則196条）。
> ❷起訴状朗読：検察官が，起訴状を読み上げる手続をいいます（刑訴法291条1項）。
> ❸権利告知：裁判長が，黙秘権その他の被告人の権利を説明する手続をいいます（刑訴法291条4項）。
> ❹罪状認否：被告人及び刑事弁護人が，被告事件について陳述する手続です（刑訴法291条4項）。

②**証拠調べ手続**　証拠調べ手続では，検察官側の立証と被告人側の立証が行われます。

　まず検察官側が立証を行います。刑事事件においては，「疑わしきは被告人の利益に」の原則に基づき，検察官が，証拠によって公訴事実（被告人が行った犯罪事実として検察官が主張しているもの）の存在を合理的な疑いを入れない程度にまで証明するための立証活動をしなければなりません。

　検察官側の立証に続いて，被告人側の立証が行われます。この立証は，裁判官に対して，公訴事実の存在について検察官の立証が合理的な疑いを入れない程度にまでは証明されていないと考えさせるだけで足り，公訴事実が存在しないことまで証明する必要はないとされています。

③**弁論手続**　証拠調べ手続が終わると，弁論手続が行われます。弁論手続では，まず，検察官が論告を行い，事件に対する事実面，法律面の意見を述べます。通常は，その最後に求刑を行います。次に，弁護人が弁論を行い，被告人の立場から見た事件の事実面，法律面の意見を述べます。

　弁論に引き続き，被告人も事件についての意見を述べます。これを「最終意見陳述」といいます。「被害者に大変な迷惑を掛けたことを深く反省しています。二度とこのようなことは行いません。」などと心情に訴える場合もあります。「私は無罪です」と無罪の主張をする場合もありえます。

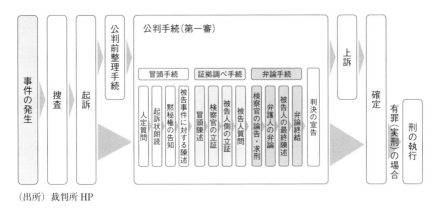

（出所）裁判所 HP

図 9-4　刑事手続全体の流れ

④**判決**　　地方裁判所と家庭裁判所は，原則として 1 人の裁判官で事件を取り扱い，判決を行います（裁判所法 26 条）。簡易裁判所は，常に 1 人の裁判官で事件を取り扱います（裁判所法 35 条）。高等裁判所は，裁判官の合議体（原則として 3 人で構成）で事件を取り扱い，合議により判決を出します（裁判所法 18 条）。

　　裁判員裁判では，裁判官と裁判員で構成される「合議体」によって判決が行われます。有罪・無罪の判決が行われると，その審級における裁判が終わります。

（5）上　　訴

　　裁判の結果に納得できない場合には上級の裁判所に不服を申し立てることを「上訴」といいます。検察官又は被告人側が，第一審の判決に不服がある場合，高等裁判所での裁判を求めて「控訴」を行うことができます。さらに，高等裁判所の判決に不服がある場合には，最高裁判所に上告することができます。

第2部

憲法の基礎を学ぶ

第 10 章

憲法総論

1 憲法とは

(1) 形式的意味の憲法と実質的意味の憲法

「憲法」という用語は，様々な意味で使われていますが，特に重要なのが形式的意味の憲法と実質的意味の憲法です。

形式的意味の憲法とは，憲法という名前で呼ばれる成文の法典（憲法典）のことです。わが国においては日本国憲法が形式的意味の憲法に当たります。一方，実質的意味の憲法とは，実質的に国家の基本秩序を構成する法規範のことを意味します。イギリスには憲法典は存在しませんが，国家の基本秩序を構成する法規範は議会制定法，判例法（法源として認められる判例の形で存在する法），憲法習律（憲法規範を補充している慣行で，憲法の運用に携わる者が義務的なものとして受け入れている行為規範）等として存在しています。これらが，イギリスにおける実質的な憲法ということができます。

実質的意味の憲法は，さらに「固有の意味の憲法」と「立憲的意味の憲法」という二つの考え方を含みます。固有の意味の憲法とは，憲法を国家の組織・作用等に関する基本を定めた法ととらえたものです。この意味の憲法は，いかなる国家においても存在すると考えられています。一方，立憲的意味の憲法は，憲法は権力を制限することで国民の権利・自由を保障しようという立憲主義に基づくものであるととらえたものです。このような立憲的意味の憲法は，近代になってみられるようになったことから，近代的意味の憲法とも呼ばれることもあります。

日本国憲法においては，個人の人権は生まれながらにして有する永久不可侵の

権利としていること（11条，96条）等から，日本国憲法は立憲的意味の憲法であるということができます。

(2) 憲法の分類

　世界各国の憲法について，様々な分類をすることができますが，制定権者という視点から，民定憲法と欽定憲法とに分類されます。民定憲法は，国民が憲法制定主体となり制定したものです。一方，欽定憲法は，君主が憲法制定主体となり制定したものです。わが国では，大日本国憲法（明治憲法）は欽定憲法で，日本国憲法は民定憲法であるとされます。

　憲法改正の手続という視点から分類した硬性憲法と軟性憲法という分類もあります。通常の立法よりも厳格な手続によらなければ改正することができない憲法を硬性憲法といいます。一方，通常の立法手続と同様の手続によって改正することができる憲法を軟性憲法といいます。日本国憲法の改正は，各議院の総議員の3分の2以上の賛成で，国会が，これを発議し，国民に提案してその承認を経なければならない（96条1項）とされており，出席議員の過半数で制定改廃を行うことができる法律（56条2項，59条1項）に比べて，厳格な手続を要します。このため，日本国憲法は硬性憲法ということができます。

　さらに，成文憲法と不文憲法という分類もあります。多くの国においては成文の憲法典を有しています。一方，イギリスは，前述のとおり，成文の憲法典を有しておらず，法律，慣習，判例等の形式で存在しています。このような形で存在する憲法を不文憲法といいます。

2　憲法の理念

(1) 自由主義と民主主義

　立憲的意味の憲法に分類される日本国憲法は，自由主義及び民主主義に基づくものといえます。

　自由主義とは，権力の集中により権力が濫用され国民の自由が侵されないように国家権力から国民の自由を守るという考え方です。日本国憲法においても採られている三権分立は，国家権力が単一の国家機関に集中すると，権力が濫用され，国民の権利・自由が侵されるおそれがあるので，国家の諸作用を性質に応じて立

法・行政・司法というように区別し，それを異なる機関に担当させるよう分離し，相互に抑制と均衡の下で運営する制度です。そのため三権分立は，自由主義の視点からとられている政治制度といえます。

　一方，民主主義とは，国民が直接，あるいは選挙で選ばれた代表を通じて，権限を行使する統治形態です。統治の権威が国民に由来し，その意味で統治者と被統治者が同一であるという考え方です。民主主義は，統治者と被統治者の同一性を要求します。つまり，国民は主権者として統治を担いますが，同時に国家からの統治を受けることになるのです。

　なお，民主主義には多数者支配民主主義と立憲民主主義とがあります。多数者支配民主主義とは，相対的多数派が少数派の意見や世論を，合法的な操作によって切り捨て，多数派の意図する方向に決定する制度や仕組みです。一般的にいわれる多数決の考え方です。ただし，わずかな数の差で少数派の意向が無視される危険性をはらんでいます。一方，立憲民主主義とは，国家権力の行使を憲法で抑制するという考え方，あるいは憲法で国家権力を縛る考え方に基づく民主主義です。日本国憲法は，国民主権を明示的に宣言し，人権規定を詳細に取り入れるとともに，違憲審査制度も導入するなど，立憲民主主義に立っているといえます。立憲民主主義は，多数者支配民主主義とは異なり，多数者の決定であっても個人の尊厳を冒すことはできないと考えます。

　日本国憲法は，次の三つの特質を有していることから，立憲民主主義によって立つものと解されます。

　①自由の基礎法…「個人の尊重」を具体化する。
　②制限規範性…国家権力を制限する。
　③最高法規性…効力の点で憲法が国の法体系において最上位にある。

(2) 法の支配と法治主義

　法の支配とは，専断的な国家権力の支配（人の支配）を排斥し，権力を法で拘束することによって，国民の権利・自由を擁護することを目的とする原理です。ここにいう法とは，議会が制定した法ではなく，超自然的，理念的な「正義の法」として存在するものを意味します。正義を体現した普遍的妥当性を持つ「法」であるため，行政権のみならず議会（立法権）をも拘束することになります。

　法の支配は，13世紀イギリスのローマ法学者であるヘンリー・ブラクトンが

「国王は何人のもとにもあるべきではない。しかし神と法のもとにあるべきである。」といった言葉に象徴されています。法の支配の考え方は，中世のイギリスで生まれ，今日でも英米法の根幹となる考え方となっています。

　法の支配と似た考え方として，法治主義があります。法治主義は，国家権力の行使は，すべて法に基づいて行わなければならないとする考え方です。ドイツ（プロイセン）で発達しました。法治主義では形式・手続の適法性が重視されます。この考え方を徹底すると，法律の根拠さえあれば，基本的人権への制限を容認することもありえることになります（形式的法治主義）。しかし，今日では，法律に関して形式・手続の適法性のみならず，法律の内容自体の適正性も求められるようになっており（実質的法治主義），法の支配の考え方に近づいているといえます。

　日本国憲法は，以下のことから，法の支配の理念に基づいているものといえます。

① 98条において「この憲法は，国の最高法規であつて，その条規に反する法律，命令，詔勅及び国務に関するその他の行為の全部又は一部は，その効力を有しない」と憲法の最高法規性を規定していること。

②第3章において国民の基本的人権について詳細な規定を設けるとともに，97条では「この憲法が日本国民に保障する基本的人権は，人類の多年にわたる自由獲得の努力の成果であつて，これらの権利は，過去幾多の試錬に堪へ，現在及び将来の国民に対し，侵すことのできない永久の権利として信託されたものである」と人権の不可侵性を規定していること。

③ 31条において「何人も，法律の定める手続によらなければ，その生命若しくは自由を奪はれ，又はその他の刑罰を科せられない」と規定していますが，同条は適正手続の保障（due process of law）を規定するものと解されること。

④ 81条において「最高裁判所は，一切の法律，命令，規則又は処分が憲法に適合するかしないかを決定する権限を有する終審裁判所である」と違憲立法審査権を規定し，権力の恣意的行使を抑制することを裁判所の役割としていること。

3 日本国憲法の成立の法理

(1) 日本国憲法の自律性

1945 年 7 月，アメリカ，イギリス，中華民国は共同で，わが国に対して，無条件降伏の勧告であるポツダム宣言を発しました。これに対して，日本政府は 8 月 14 日，連合国に対してポツダム宣言を受諾することを伝えました。

こうした状況の下で，憲法改正について，連合国司令部 (GHQ) の占領統治下で GHQ 最高司令官マッカーサーにより作成された総司令部案 (マッカーサー草案) を日本政府は受け入れ，その案を基に憲法改正作業が進められました。

そのため，日本国憲法は，憲法としての自律性を有さない「押しつけ憲法」だから，改正すべきとの主張もあります。しかし，通説は，以下の理由で憲法の自律性は損なわれていないとしています。[1]

①ポツダム宣言は，国民主権の採用，基本的人権の確立などの要求を含むものであり，それを日本が受諾した以上，連合国はその遵守を日本に求める国際法上の権利を有する，②当時の有識者に対する意識調査等からみて，総司令部案の基本的内容を国民も支持していたのではないかと推測される，③日本政府自身が遅くとも帝国議会の審議の段階では総司令部案の基本的内容を支持していた，④普通選挙制の下で有権者から直接選挙された衆議院が憲法改正案を自由に審議した等の理由が挙げられています。

(2) 八月革命説

日本国憲法の上諭は，「朕は，(略) 帝国憲法第七十三条による帝国議会の議決を経た帝国憲法の改正を裁可し，ここにこれを公布せしめる」とされています。つまり，日本国憲法の制定は，大日本帝国 (明治) 憲法の改正手続により行われたのです。

この点に関して，天皇主権に基づく明治憲法の改正によって，国民主権を採用することは可能かということが問題となります。この問題に対する解答として通説的な見解が八月革命説です。この説によると，1945 年 8 月，昭和天皇がポツ

---

(1)　芦部信喜『憲法 (第 8 版)』(岩波書店，2023 年) 27 - 29 頁。

ダム宣言を受諾した段階で，明治憲法の天皇主権は否定され，国民主権が日本の政治体制の原則となった。法的にみれば，主権の変革は革命であり，その結果として憲法改正条項を含めてポツダム宣言の趣旨と矛盾する限り，明治憲法は重要な変革をこうむった。つまりこの段階で革命があった，と考えるのです。

4 日本国憲法の基本原理

日本国憲法前文の冒頭に「日本国民は，正当に選挙された国会における代表者を通じて行動し，われらとわれらの子孫のために，諸国民との協和による成果と，わが国全土にわたつて自由のもたらす恵沢を確保し，政府の行為によつて再び戦争の惨禍が起ることのないやうにすることを決意し，ここに主権が国民に存することを宣言し，この憲法を確定する。」とされています。この文章に，国民主権主義，代表制，基本的人権の尊重，平和主義，国際協調主義という日本国憲法の基本理念が示されていると考えられます。

(1) 国民主権
①**主権の意味**　主権については，一般的に①国家の統治権，②最高独立性，③最高決定権という三つの意味で用いられます。

まず，国家の統治権という意味の主権ですが，ポツダム宣言が「日本国の主権は本州，北海道，九州及び四国」等に限られるとしたときの主権はこの意味です。つまり，日本国は本州等について統治権を有するということです。

次に，最高独立性とは，国家の統治権の最高独立性，つまり国内では最高，対外的には独立である統治権の性質を指します。日本国憲法前文で，普遍的な政治道徳の法則に従うことが「自国の主権を維持し，他国と対等関係に立たうとする各国の責務」とされる，この「主権」は最高独立性の意味です。

最後に，最高決定権とは，国家における最高意思，つまり国政のあり方を最終的に決定する権限を意味します。日本国憲法1条が「主権の存する日本国民」とするのは，この意味です。君主主権，国民主権といわれるのも，最高決定権の意味です。

②**国民主権の意味**　国民主権とは，国家における最高意思，つまり国政のあり

方を最終的に決定する権限が国民に属することをいいます。なお，「国民」の意味については，①有権者主体説，②全国民説，③折衷説があります。

　まず有権者主体説は，国民主権における国民を有権者と考える説です。この説では，国政のあり方を最終的に決定する権力が国民にあるということ，国民が国家権力の究極的行使者であるという考えに結び付きます（権力性の契機）。

　次に全国民説は，有権者に限らず，すべての自然人と考える説です。国政のあり方を最終的に決定する権威が国民にあるということ，国民が国家権力を正当化する根拠であるという考えにつながります（正当性の契機）。

　折衷説は，国民について全国民ととらえることにより国民主権は権力の正当性の究極の根拠を示す原理であるが，同時にその原理には国民自身（有権者の総体）が主権の最終的な行使者（憲法改正の決定権者）であるという権力的契機が不可分の形で結合していると考える説です。この説が現在の有力説であるといえます。

(2) 代 表 制

　前文において「日本国民は，正当に選挙された国会における代表者を通じて行動」する旨が規定されているとともに，「全国民を代表する選挙された議員で」組織する国会（43条1項）を「国権の最高機関であ」るとしています（41条）。このように日本国憲法は，有権者が議員を選出し，議員が立法等を行う政治制度である代表制（代表民主制）を統治の根幹としています。代表制を導入する根拠としては，①直接民主制は規模の大きい国家では技術的に困難なこと，②有権者は法案の審議等を行う時間，知識等が十分でないため，そのような仕事を専門的に行う機関を設けることが必要であることなどが挙げられます。

　代表制に対する制度として直接民主制があります。直接民主制では，有権者が直接に政治的な意思を表明し，国家等の意思を決定する制度です。日本国憲法では，代表制を基本としながら，直接民主制の制度も採用しています。憲法改正の国民投票（96条），最高裁判所の裁判官の国民審査（79条2項，3項），地方自治特別法の住民投票（95条）については，国民が直接に意思を表示する直接民主制の制度が採られています。⁽²⁾

---

(2)　最高裁判所の裁判官の国民審査は国民が政治的意思を表明する性格を持たないため，直接民主制的な仕組みではないとする考え方もあります（渡辺康行『憲法Ⅱ』日本評論社，2020年，188頁）。

(3) 基本的人権の尊重

繰り返しますが，憲法前文においては「自由のもたらす恵沢を確保し」と規定し，自由主義，基本的人権の尊重を憲法の基本原理としています。「基本的人権とは，人間が社会を構成する自律的な個人として自由と生存を確保し，その尊厳性を維持するため，それに必要な一定の権利が当然に人間に固有するものであることを前提として認め，そのように憲法以前に成立していると考えられる権利を憲法が実定的な法的権利として確認したもの(3)」と解することができます。

日本国憲法は，最高法規として国家権力を制限し，人権保障をはかるという立憲主義に立っていることから，基本的人権の尊重は，憲法の重要な基本理念であるといえます。

(4) 平和主義

日本国憲法前文第2段には，「日本国民は，恒久の平和を念願し」「平和のうちに生存する権利を有することを確認する」等と平和主義を規定しています。また，9条では，戦争の放棄，戦力及び交戦権の否認を規定しています。

【日本国憲法】

第九条　日本国民は，正義と秩序を基調とする国際平和を誠実に希求し，国権の発動たる戦争と，武力による威嚇又は武力の行使は，国際紛争を解決する手段としては，永久にこれを放棄する。
2　前項の目的を達するため，陸海空軍その他の戦力は，これを保持しない。国の交戦権は，これを認めない。

9条1項では，「国権の発動たる戦争」，「武力による威嚇」，「武力の行使」を放棄することを規定しています。「国際紛争を解決する手段としては」が，「国権の発動たる戦争」，「武力による威嚇」，「武力の行使」のどこにかかるかで解釈上争いがあります。通説的見解及び政府見解は，「武力による威嚇」と「武力の行使」のみにかかると解しています。この見解によると，「国権の発動たる戦争」はすべて許されませんが，「武力による威嚇」及び「武力の行使」については，

---

(3) 芦部信喜『憲法（第8版）』（岩波書店，2023年）84頁。

国際紛争を解決する手段としてのみ許されないことになり，自衛のための武力行使等は許容されることになります。

　また，2項の「前項の目的」については，1項の「国際紛争を解決する手段としては」を指すと考え，国際紛争を解決する手段としての戦力を保持しないと解する説が有力です。この説によっても，自衛のための戦力を保持することは可能であると考えます。

(5) 国際協調主義

　国際協調主義とは，自国の利益のみを追求するのではなく，国際社会の中で諸外国と友好的に協力し合いながら共存していこうという考え方です。

　日本国憲法前文第3段では「われらは，いづれの国家も，自国のことのみに専念して他国を無視してはならないのであつて，政治道徳の法則は，普遍的なものであり，この法則に従ふことは，自国の主権を維持し，他国と対等関係に立たうとする各国の責務であると信ずる。日本国民は，国家の名誉にかけ，全力をあげてこの崇高な理想と目的を達成することを誓ふ。」と国際協調主義を謳っています。

　また，98条2項において「日本国が締結した条約及び確立された国際法規は，これを誠実に遵守することを必要とする。」と規定しているのも，国際協調主義の現れであるといえます。

第11章

基本的人権

1　基本的人権の意義

　日本国憲法は 11 条において「国民は，すべての基本的人権の享有を妨げられない。この憲法が国民に保障する基本的人権は，侵すことのできない永久の権利として，現在及び将来の国民に与へられる。」と基本的人権の保障を規定しています。基本的人権の具体的な内容は，第 3 章において規定されています。

　日本国憲法が保障する基本的人権は，人権あるいは基本権などとも呼ばれ，信教の自由，言論の自由，職業選択の自由などの個別的人権を総称する言葉です。その概念は，封建時代以来様々な変遷を遂げていますが，日本国憲法における人権は，自由権も社会権もあわせて「人間の尊厳」に由来する権利として保障されています。

　人権とは，「人間が，社会を構成する自立的な個人として自由と生存を確保し，その尊厳を維持するために必要なすべての権利」ということができます。

2　人権の歴史

　日本国憲法 97 条には，「この憲法が日本国民に保障する基本的人権は，人類の多年にわたる自由獲得の努力の成果であつて，これらの権利は，過去幾多の試練に堪へ，現在及び将来の国民に対し，侵すことのできない永久の権利として信託されたものである」と記されています。このように，人権は，人類の長い歴史の

中で，苦しみを乗り越えて獲得したものです。歴史的には国家に対する個人の権利として，まず「国家からの自由」と称される自由権を獲得し，その後，「国家に対する自由」である社会権を獲得したものと理解されています。

(1) 自由権（国家からの自由）

　自由権は，国家が個人の領域に介入することを排除し，個人の自由な意思決定や活動を保障する人権です。

　マグナ・カルタ（ラテン語：Magna Carta，大憲章）は，1215年，イングランド王ジョンが貴族たちに強制されて承認した文書で，国王の徴税制限，人身の自由，不当な裁判による逮捕・財産没収・追放の禁止などが定められています。本質的には王権の制限，貴族の特権の確認で，一般人民の自由を規定したものではありませんが，王権を制限し国民の自由を守るということから人権思想の基礎となったとされています。

　マグナ・カルタは人権思想の基礎とはされるものの，実際に基本的人権の観念が登場するのは，18世紀後半のアメリカ独立革命期のヴァージニア，ペンシルバニア，マサチューセッツ等における権利宣言やフランス革命期の人権宣言においてです。たとえば，フランス人権宣言1条では「人は，自由かつ権利において平等なものとして出生し，かつ存在する」と規定し，自然権としての人権を認めています。

　19世紀以降になると，自由主義（個人の自由を尊重し，これに対する国家の干渉を排除しようとする考え方）の下で，国家の機能を安全保障や治安維持など最小限にとどめるべきだと考えられるようになってきました。このような国家は，夜警国家（国家の機能を，外敵の防御，国内の治安維持など最小限の夜警的な役割に限定した国家）ともいわれます。このような考え方の下で，基本的人権は，自由権，参政権，平等権の保障を中心にとらえられるようになりました。

(2) 社会権（国家による自由）

　社会権とは，社会的・経済的弱者が人間に値する生活を営むことができるように，国家に対して積極的な措置を求めることができる権利です。

　国家権力を制限することを目的として作られた「近代憲法」の基本である自由主義における自己責任原則と経済自由放任主義によって，「小さな政府」や「自由放任政策」が進められ，資本主義が進展していきました。しかし，資本主義が

発達するにつれて，貧富の差の拡大・恐慌・失業・労働問題などの新たな問題が発生するようになってきました。そのため，国家が積極的に経済や社会に介入し，貧しい人々や社会的弱者を支援すべきであるという福祉国家の考え方が生まれました。こうして，国家に対して人間らしい生活を求める権利も人権のカテゴリーに含まれるようになりました。この権利を「社会権」といいます。こうして20世紀には，「社会権」を盛り込んだ憲法が登場するようになりました。

　1919年に制定された「ワイマール憲法 (ドイツ共和国憲法)」は，「経済活動の秩序は，すべての者に人間たるに値する生活を保障する目的を持つ正義の原則に適合しなければならない。この限度内で，個人の経済的自由は，確保されなければならない」(151条) としており，世界で初めて社会権を保障した憲法です。その後，社会権は，日本国憲法など各国の憲法に取り入れられるようになりました。

3　人権制約の可能性

　憲法が保障する人権であっても絶対無制限ではなく，公共の福祉などによる限界が存します。最高裁も「憲法の保障する各種の基本的人権についてそれぞれに関する各条文に制限の可能性を明示していると否とにかかわりなく，憲法12条，13条の規定からしてその濫用が禁止せられ，公共の福祉の制限の下に立つものであり，絶対無制限のものでない」としています。

　憲法が保障する人権であっても絶対無制限ではなく，他の基本的人権との矛盾・衝突を調整するなどのため，基本的人権に対して法律や条例によって一定の制約を加えることは可能なのです。しかし，憲法はわが国の法体系における最高規範であることから憲法に反するいかなる立法も効力を有さないものとされています (憲法98条1項)。そのため，人権を制約する法律や条例が，憲法上正当化できず，憲法に反することになる場合には，その法律や条例は憲法違反として無効になります。

---

(1)　チャタレイ事件判決昭和32年3月13日刑集11巻3号997頁。

4　人権の分類

　法律や条例による人権制約の実質的正当性を考えるためには，まず憲法でどのような人権が保障されているかを理解する必要があります。

　人権の類型として，包括的基本権，平等権，精神的自由権，経済的自由権，人身の自由，国務請求権（参政権），社会権などがあります。

(1)　包括的基本権（包括的自由権，幸福追求権）

　憲法15条以下に個別的人権が規定されています。ただし，それらの規定は，日本国憲法制定時における重要な権利・自由を列挙したもので，すべての人権を網羅的に掲げたものではありません。

　社会の変革に伴い，「自律的な個人が人格的に生存するために不可欠と考えられる基本的な権利・自由」が法的に保護するに値すると考えられるようになってきました。そのような基本的な権利・自由は，幸福追求権に基づく「新しい人権」として，憲法上保障される人権の一つだと解され，その根拠が13条に求められています。

　包括的基本権である幸福追求権に基づき保障される人権の範囲について，学説は一般的自由説と人格的利益説の二つに分かれています。

　一般的自由説は，幸福追求権とは現実生活の中での人間の行為一般の自由だと考える説です。この説に対しては，保障される自由の範囲が過度に広くなる可能性があるという批判があります。一方，人格的利益説は，自律的な個人が人格的に生存するために必要不可欠であると考えられる権利・自由によって保護されるべき法的利益は憲法上保障されるべきだとする説です。この説に対しては，「人格」とは何を意味するかが不明確であり，この説で保護すべき範囲について明確性に欠けると批判があります。

　なお，判例は，一般的自由説と人格的利益説のいずれによるべきかについては明確に判断を示しておらず，プライバシーの権利等のように個別の権利ごとに憲法による保障を判断しています。

(2) 新しい人権

　日本国憲法は，15 条以下に，表現の自由等の個別の人権規定を置いています。しかし，憲法制定後の社会情勢の変化及び情報化・技術化などに伴い，憲法制定時には想定されていなかった人権侵害が生じるようになってきました。そのため，憲法の人権規定に掲げられていない「新しい人権」を憲法上の権利として保障すべきであると考えられるようになってきました。

　「新しい人権」として主張される代表的なものとしては，プライバシー権や知る権利等があります。

①プライバシー権　　初期のプライバシー権は，私生活をみだりに公開されない法的保障ないし権利（基本的プライバシー権）と理解されてきました。わが国でプライバシーという言葉や考え方が一躍有名になったのが「「宴のあと」事件」判決です。この事件は，三島由紀夫の小説「宴のあと」が，プライバシーを侵害したとして，原告有田八郎氏（元外務大臣であり，1959 年の東京都知事選の立候補者）が，三島由紀夫氏と出版元の新潮社を被告として提起した民事訴訟です。判決としては，次のように「私生活をみだりに公開されないという法的保障ないし権利」としてのプライバシーの権利を承認しました。

　その後の情報化社会の進展等に伴ってプライバシーの概念も，私生活の保護から自己情報の管理，そして制御というより積極的な概念へと変遷し，行政や企業等が保有する自己情報をいかに管理するかという「自己情報コントロール権」としてとらえられるようになってきています。個人情報の保護に関する法律は，自己情報コントロール権とは規定していないものの，自己情報の開示，訂正請求権等という自己情報のコントロールに関する規定を置いています。

②知る権利　　20 世紀には，社会的に大きな影響力を持つマス・メディアが発達し，それらのメディアから大量の情報が一方的に流れるようになり，情報の「送り手」であるマス・メディアと情報の「受け手」である一般国民との分離が進みました。そのような中で，表現の自由を一般国民の側から再構成し，表現の受け手の自由を保障するため，それを「知る権利」ととらえるようになりました。この意味での知る権利は，自由権，消極的知る権利であり，様々な情報を収集す

---

(2)　東京地判昭和 39 年 9 月 28 日下級民 15 巻 9 号 2317 頁。

ることを公権力によって妨げられない権利としてとらえられていました。[3]

　さらに，知る権利を国等の保有する情報の開示請求権としてとらえる考え方も
なされるようになってきました。この考え方に基づくと，知る権利は国等に対し
情報の開示を請求しうる権利であり，自由権というより請求権としての性格を持
つことになります。ただし，憲法21条等に基づくこの請求権はそれ自体では抽
象的な権利であり，特定の情報ないし文書の開示を請求するためには，これに具
体的権利性を与える実定法上の根拠が必要であると解されています。[4]そして，行
政機関の保有する情報の公開に関する法律や各地方公共団体の情報公開条例が制
定され，具体的な請求権を規定しています。

(3) 法の下の平等

　平等の理念は，人権の歴史において，自由権の保障とともに，個人の尊厳を守
るための重要な意味を持っています。自由と平等の理念が深く結び合って，中世
の身分制社会を打破し，近代立憲主義を確立することができました。

　平等の理念は，かつては個人個人を法的に等しく取り扱い，その自由な活動を
保障すること（形式的平等）でした。しかし，資本主義社会の進展とともに，結
果として貧富の差はますます拡大し，様々な不平等をもたらすこととなりました。
そのために20世紀以後の社会福祉国家においては，社会的・経済的弱者に対し
てより厚く保護を与え，それによって他の国民と同等の自由と生存を保障してい
くこと（実質的平等）とされています。

(4) 精神的自由権

　精神的自由権は，個人の尊厳のみならず民主主義を守る上でも不可欠な自由で
あり，個人の内面的な精神活動の自由及び外面的な精神的活動の自由をいいます。

---

(3)　よど号ハイジャック新聞記事抹消事件判決（最大判昭和58年6月22日民集第37巻5号793
　　頁）は，「さまざまな意見，知識，情報に接し，これを摂取する機会をもつことは，その者が
　　個人として自己の思想及び人格を形成・発展させ，社会生活の中にこれを反映させていくうえ
　　において欠くことのできないものであり，また，民主主義社会における思想及び情報の自由な
　　伝達，交流の確保という基本的原理を真に実効あるものたらしめるためにも，必要なところで
　　ある。それゆえ，これらの意見，知識，情報の伝達の媒体である新聞紙，図書等の閲読の自由
　　が憲法上保障されるべきことは，思想及び良心の自由の不可侵を定めた憲法19条の規定や，
　　表現の自由を保障した憲法21条の規定の趣旨，目的から，いわばその派生原理として当然に
　　導かれるところであり，また，すべて国民は個人として尊重される旨を定めた憲法13条の規
　　定の趣旨に沿うゆえんでもあると考えられる。」としています。
(4)　大阪高判平成17年7月28日裁判所ウェブサイト。

思想及び良心の自由（憲法 19 条），信教の自由（20 条），集会，結社，言論，出版，その他一切の表現の自由（21 条），学問の自由（23 条）などがその代表的なものです。

①思想及び良心の自由　　思想・良心の自由は，精神的自由権の中でも最も根本的なものです。根本的な自由権であるため他国ではわざわざ規定する例が少ないのですが，日本では明治憲法下において特定の思想を反国家的なものとして弾圧する事例が多かったため特に規定されたものです。内面的な精神活動の自由を保障するものといえます。

②信教の自由　　近代の自由主義は，中世の宗教的な圧迫に対する抵抗から生まれ，様々な歴史を経て成立したものです。それだけに，信教の自由はあらゆる精神的自由権を獲得するための推進力となったもので，歴史上重要な意味を有しています。

③学問の自由　　諸外国において学問の自由を独自の条項で保障する例は比較的少数です。しかし，明治時代に滝川事件[5]や天皇機関説事件[6]などのように学問の自由が国家権力により侵害された歴史を踏まえて特に規定されたものです。その内容としては，①学問研究活動の自由，②研究成果発表の自由，③教授の自由の三つを含むものとされています。

④集会結社・表現の自由　　内心における思想や信仰は，外部に表明され，他者に伝達されてはじめて社会的効用を発揮します。その意味で表現の自由はとりわけ重要な権利です。表現の自由は，個人の人格形成にとっても重要ですが，国民がみずから政治に参加する前提となる不可欠の権利といえます。外面的な精神的活動の自由の中核となるものです。最高裁は，「憲法 21 条の保障する表現の自由[7]は，民主主義国家の政治的基盤をなし，国民の基本的人権のうちでもとりわけ重

---

(5)　滝川幸辰（京都帝国大学教授，刑法学者）が中央大学で行った講演やその著『刑法読本』の内容が危険思想であるとの理由で問題とされた。文部大臣鳩山一郎は同年 4 月 22 日京大総長に対し滝川に辞職勧告を行うよう命じ，同年 5 月 26 日には一方的に滝川を休職処分に付した事件です。

(6)　美濃部達吉議員（東京帝国大学名誉教授，憲法学者）による天皇機関説という大日本帝国憲法の解釈学説が不敬であるとして攻撃された事件です。天皇機関説は「統治権は法人である国家に属し，国の最高機関である天皇が国務大臣の輔弼を受けて行使する」として，軍事に関する天皇大権への内閣の権限を根拠付けました。これに対して天皇の絶対性を否定し，天皇の統治権を制限しようとする反国体的なものだとして攻撃を受けました。美濃部は不敬罪で告発され，貴族院議員も辞職しました。

(7)　猿払事件判決昭和 49 年 11 月 6 日刑集 28 巻 9 号 393 頁。

要なものであり，法律によつてもみだりに制限することができないものである。」としています。そして，その制限を行うことができる場合として「これらの自由に対する制限が必要かつ合理的なものとして是認されるかどうかは，右の目的のために制限が必要とされる程度と，制限される自由の内容及び性質，これに加えられる具体的制限の態様及び程度等を較量して決せられるべきものである」としています。⁽⁸⁾

　また，憲法21条では，表現の自由のみならず，集会・結社の自由を保障しています。いずれも共同の目的のために集団を形成して活動することですが，集会は，一時的なもの，結社は継続的なものをいいます。

　国民は，様々な意見に接し，自己の考え方や，人格を形成して，発展させていくことが自己形成において非常に重要です。そのために，集会は重要な役割を担っています。集会に集まった人たちが，情報交換をする場として，また，自己の意見を発表する場として機能します。そのために，集会の自由は，民主主義社会における重要な人権の一つに位置付けられます。

(5) 経済的自由権

　居住・移転の自由，職業選択の自由，財産権の保障を総称して経済的自由権と呼ばれています。これらの権利は，封建的な拘束を排して，近代的市民階級が自由な経済活動を行うために認められるようになりました。

①居住・移転及び職業選択の自由　　居住・移転の自由には，居所を自らの意思で決める自由，その居所に居住する自由，居所を変更する自由等が含まれると解されています。この居住・移転の自由については，①経済的自由としての側面——封建体制を否定し資本主義経済の前提を作るという意味，②精神的自由としての側面——知的接触による人格形成という意味，③人身の自由としての側面——自己の移動したい所に移動できるという意味の三つの側面を有するとされています。

　職業選択の自由は，自己が従事する職業を決定する自由をいいます。職業選択の自由には，職業を「選択」する自由と職業を「遂行」する自由（営業の自由）とが含まれていると解されています。

　なお，契約の自由（対等な私人がその相互の意思表示の合致によって法律行為を自由

（8）　本章注（3）。よど号乗っ取り事件新聞記事抹消事件判決。

に成立させることのできる法的な力）についても，経済的自由に含まれると解することができます。

②財産権の保障　歴史的にみると財産権は，18世紀末においては個人の不可侵の人権と理解されていました。しかし，その後，財産権は社会的な拘束を負ったものと考えられるようになりました。たとえば，1919年のワイマール憲法が「所有権は義務を伴う。その行使は，同時に公共の福祉に役立つべきである。」と規定するのは，この思想に基づいています。近年では，多くの国の憲法が同様の思想に基づいた規定を設けています。財産権を保障する意味としては，①現に個人の有する具体的な財産権の保障，②個人が財産権を享有することを認める私有財産制の保障，の両面を有するものとされています。

(6) 人身の自由

　専制主義が支配していた時代には，不法な逮捕，拷問及び恣意的な刑罰権の行使によって，人身の自由が不当に踏みにじられました。近代憲法は過去のこのような苦い歴史を踏まえて，人身の自由を保障する規定を置いています。日本国憲法においては，明治憲法下での捜査官憲による人身の自由の過酷な制限を徹底的に排除するため，31条以下に諸外国では例を見ないほど詳細な規定を置いています。

(7) 適正手続の保障

　国民は，自らの生命や自由が奪われるに当たっては，適正な手続に基づくことを求める権利が保障されています。日本国憲法31条は「何人も，法律の定める手続によらなければ，その生命若しくは自由を奪はれ，又はその他の刑罰を科せられない。」と規定しています。この規定は，法文上では手続が法律で定められることを要求するにとどまっているようにも見えますが，法律で定められた手続の内容が適正でなければならないことなども意味すると解されています。なお，憲法31条の定める法定手続の保障は，直接には刑事手続に関するものとされていますが，「行政手続については，それが刑事手続ではないとの理由のみで，そのすべてが当然に同条による保障の枠外にあると判断することは相当ではない。しかしながら，同条による保障が及ぶと解すべき場合であっても，一般に，行政手続は，刑事手続とその性質においておのずから差異があり，また，行政目的に

応じて多種多様であるから，行政処分の相手方に事前の告知，弁解，防御の機会を与えるかどうかは，行政処分により制限を受ける権利利益の内容，性質，制限の程度，行政処分により達成しようとする公益の内容，程度，緊急性等を総合較量して決定されるべきものであって，常に必ずそのような機会を与えることを必要とするものではないと解するのが相当である。」とされています。⁽⁹⁾

(8) 社 会 権

　憲法 25 条は，すべての国民が健康で文化的な最低限度の生活を営む権利を有すると定め，生存権を保障しています。生活保護制度は，この生存権を具体化したものです。なお，この条文を直接の根拠として，国に具体的な請求をなし得るかという点に関して，憲法学説の見解は分かれています。判例は，25 条をプログラム規定（基本的指針を示す規定）と解釈し，国に対して政治的，道義的な義務を課した規定であり，同条に基づく個人の直接給付請求権は認めないとしています。つまり，生活保護法等のような具体的な権利の内容を定めた法律がなければ，憲法 25 条に基づいて具体的な請求することはできないということです。経済政策は立法裁量の問題とされ，憲法の生存権の内容が実際の社会保障政策と結び付かないことがあり得ることから，特に国会には生存権を具体化する立法措置が求められているといえます。

(9) 参 政 権

　日本国憲法は，選挙権について，15 条 1 項において「公務員を選定し，及びこれを罷免することは，国民固有の権利である」と規定しています。しかし，被選挙権又は立候補の自由については，憲法上明文の規定はありません。この点について，最高裁は，組合決議に反して独自に立候補した組合員に対する労働組合による権利停止の統制処分の効力が争われた事案の判決において，⁽¹⁰⁾「立候補の自由は，選挙権の自由な行使と表裏の関係にあり，自由かつ公正な選挙を維持するうえで，極めて重要である。このような見地からいえば，憲法 15 条 1 項には，被選挙権者，特にその立候補の自由について，直接には規定していないが，これもまた，同条同項の保障する重要な基本的人権の一つと解すべきである。」と立候補の自由は，基本的人権として保障されるとしています。

（9）　成田新法事件（最判平成 4 年 7 月 1 日民集 46 巻 5 号 437 頁）。
（10）　昭和 43 年 12 月 4 日最高裁大法廷判決。

(10) 国務請求権

　国務請求権は古典的な自由権と異なり，積極的に国家の行為を請求する権利です。国務請求権は，裁判を受ける権利，国家賠償請求権，刑事補償請求権の総称として用いられています。いずれも国家の存在を前提として，国家に対して一定の国務履行を求める権利です。

　①**裁判を受ける権利**　　憲法32条において，何人も，裁判所において裁判を受ける権利を奪われないとされています。民事事件においては，私人の権利を確保するために，裁判手続に訴える提訴権（裁判請求権）を保障しています。一方，刑事事件に関して「裁判を受ける権利を奪はれない」ということは，裁判手続によらなければ刑罰を科されないという意味を持つことになります。

　②**国家補償請求権**　　公権力の行使によって個人が何らかの損害や損失を受けた場合に，その損害や損失を国や地方公共団体が補填する制度をいいます。
　　ⓐ**損失補償**　　国や地方公共団体の適法な行為によって損失が生じた場合に，国や地方公共団体が補填することで，憲法29条3項に規定されています。
　　ⓑ**国家賠償**　　公務員の不法行為により，損害を受けたときは，法律の定めるところにより，国又は公共団体に，その賠償を求めることができます（日本国憲法17条）。この規定を受けて国家賠償法が制定されています。
　　ⓒ**刑事補償請求権**　　抑留又は拘禁された後，無罪の裁判を受けたときは，法律の定めるところにより，国にその補償を求めることができます（日本国憲法40条）。この規定を受けて，刑事補償法が制定されています。
　　ⓓ**請願権（憲法16条）**　　国や地方公共団体の機関に対して，その職務に関する事項についての希望・苦情・要請を申し立てる権利です。参政権的性格も有するものと解されています。請願を行う権利や手続に関しては，請願法に規定されています。

第 12 章

統治機構

1 権力分立

(1) 意　義

　国家権力が一つの国家機関に集中すると，権力が濫用され，国民の権利・自由が侵されるおそれがあります。そのため，国家の諸作用を性質に応じて立法・行政・司法というように区別し，それを異なる機関に担当させるよう分離し，相互に抑制と均衡を持たせる制度です。

　日本国憲法は，国会，内閣，裁判所の三つの独立した機関が相互に抑制し合い，バランスを保つことにより，権力の濫用を防ぎ，国民の権利と自由を保障する「三権分立」の原則を定めています。

(2) 英米及びわが国の三権分立

①**イギリス：議会優位**　　名誉革命後のイギリスでは，立法権を有する議会が行政権を持つ国王に優位するという政治思想が確立されました。また，首相に対する不信任決議に対して大臣全体が総辞職する慣行が成立しました。その後，民主主義の原理が，より浸透していく中で，君主は実質的な権力を失い，内閣の存続は議会の信任のみに依拠するようになりました。一方で，内閣は，名目上，国王に属する議会解散権を自ら行使することにより，内閣と議会の間の抑制・均衡関係が成立しています。これによって，かつての二元型議院内閣制（内閣は国王に責任を負うとともに，議会に対しても責任を負う）から，一元型議院内閣制（内閣は議会にのみ責任を負う）に転換しました。

167

②**アメリカ：裁判所優位**　　アメリカ合衆国憲法（1787年に憲法制定会議で採択，1788年6月21日に発効）は，立法権を連邦議会，行政権（執行権）を大統領，司法権を裁判所に与え，最も厳格な三権分立を採用しました。

三権が完全に分離していることが特徴であり，特に行政権の担当者である大統領は議会に出席することさえできず，法案提出権もありません。また議会は，大統領の解職をすることはできません。上院は，大統領弾劾裁判権を持っていますが，弾劾は犯罪行為などに限られています。

このように立法権と行政権を完全に分離していますが，議会に優越的な権限を与えることは避けられ，大統領には拒否権（上下両院で議決された法案に対して大統領がその法案を無効にする権限）が認められています。また，憲法の規定にはありませんが，裁判の判例が積み重ねられる過程で，アメリカでは裁判所が違憲立法審査権を持つことが定着し，裁判所が議会を牽制する働きを有しています。

③**日本国憲法**　　日本国憲法は，議院内閣制という制度の面では，イギリスに近いと考えることができます。しかし，三権分立における三権の権力の対等さと，厳格な分立体制の面からは，アメリカに近いと考えられます。

2　国　　会

日本国憲法43条1項は，国会の両議院は，全国民を代表する選挙された議員でこれを組織すると規定しています。また，41条では，「国会は，国権の最高機関であつて，国の唯一の立法機関である」と規定しています。

(1) 国権の最高機関

国権の最高機関の意味については，政治的美称説，統括機関説，総合調整機関説などがあります。

まず，政治的美称説は，日本国憲法41条が「最高機関」と規定したのは，国民代表機関たる国会が国政の中心に位置する重要な国家機関であることを政治的に強調したものであって，法律的に厳格な解釈をすべきではないとします。

次に，統括機関説は，国会は国家の活動を創設・保持し，終局的な決定を下す

という意味で最高機関であり，国家作用を行う種々の機関に対して統制をなす権限を有すると考えます。

総合調整機関説は，国会は国政全般がうまく機能するよう絶えず配慮する責任を負う地位にある点で，「最高機関」という語には，法的意味があるとします。この説は，最高機関という語は，国家諸機関の機能及び相互関係を解釈する際の解釈準則になると考えます。

(2) 国の唯一の立法機関

日本国憲法41条の「国の唯一の立法機関」における「立法」の意味に関しては，形式的意味の立法説と実質的意味の立法説とがあります。形式的意味の立法説は，41条に規定する立法とは国会が法律という形式で制定する法規範を意味すると解するものです。しかし，このように解すると，「国会が法律という形式で制定する法規範」を制定することができるのは国会だけであるという，同語反復になってしまいます。

日本国憲法41条の立法については，実質的意味の立法を意味すると解する実質的意味の立法説が通説的見解です。ただし，実質的意味の立法をどのように解すべきかについて，学説は狭義の法規説，法規説，一般的・抽象的法規範説等に分かれています。

狭義の法規説は，立法について，国民の権利・自由を直接に制限し，義務を課する法規範を意味すると解します。また，法規説は，国民の権利義務を定める規範に加えて，国家と機関との関する法規範をも包摂する一般性を有する法規範であるとします。一般的・抽象的法規範説は，一般的（不特定多数の人に適用されるような規範）・抽象的（不特定多数の事件に適用されるような規範）法規範を意味すると解します。

(3) 二 院 制

①**意義**　　日本国憲法は，42条において「国会は，衆議院及び参議院の両議院でこれを構成する」と規定しています。両院は別の議員によって組織され（48条），それぞれが独立して意思決定を行うこととされています（56条）。このような形を二院制といいます。

二院については，諸外国では一般的に，上院と下院と呼ばれます⁽¹⁾。下院は国民の意見を政治に反映させる役割を担います。一般的に，上院よりも任期が短く，

表 12-1　衆議院と参議院の比較

衆議院		参議院	
任期：4 年（解散の場合は任期満了前に終了）		任期：6 年（解散による終了なし）	
定数		定数	
全体：465 人		全体：248 人	
小選挙区選出議員	比例代表選出議員	小選挙区選出議員	比例代表選出議員
289 人	176 人	148 人	100 人
被選挙権：25 歳以上の者		被選挙権：30 歳以上の者	

選挙の機会も多く，国民の意見が反映されやすくなっています。また，下院は上院に対して優越権を持っており，上院と下院が別の議決を行った場合には，下院の議決が国会の議決として優先されることになります。日本の場合は，参議院が上院に当たり，衆議院が下院に当たります。

　二院制の存在理由としては，議会の専制の防止，下院の軽率な行為や過誤の回避，民意の忠実な反映等の点が挙げられています。

②**両院の組織上の相違点**　　衆議院及び参議院は，それぞれ**表 12-1** のような相違点があります。

③**両院の関係**　　衆議院及び参議院はそれぞれ独立して活動します。両院の意思が異なる場合には，両議院が対等の関係の事項と衆議院が優越する事項とがあります。優越の内容は，事項ごとに異なります。たとえば，法律案について，衆議院で可決し，参議院でこれと異なった議決をした法律案は，衆議院で出席議員の3 分の 2 以上の多数で再び可決したときは，法律となるとされています（59 条 2項）。また，予算については，日本国憲法 60 条 1 項において「予算は，さきに衆議院に提出しなければならない」として，衆議院の先議とされています。さらに，議決の効力についても，参議院で衆議院と異なった議決をした場合に，法律の定めるところにより，両議院の協議会を開いても意見が一致しないとき，又は参議

---

(1)　上院（upper house），下院（lower house）という言葉は，アメリカの首都がフィラデルフィアにあった頃に議会が使用していた 2 階建ての公会堂で，議員数の多い代議院（House of Representatives）がその 1 階部分（lower house）を，少ない元老院（Senate）が 2 階部分（upper house）を使用したことからこう呼ばれ始めたといわれる。

表 12-2　衆議院と参議院との関係

	衆議院が優越	両議院が対等
議決効力	①法律案の議決（59条2項） ②予算の議決（60条2項） ③条約締結の承認（61条） ④内閣総理大臣の指名（67条2項）	①皇室の財産授受についての議決（8条） ②予備費の支出の承諾（87条2項） ③決算の審査（90条1項） ④憲法改正の発議（96条1項前段）
権限	①予算先議権（60条1項） ②内閣不信任決議権（69条）	

院が，衆議院の可決した予算を受け取った後，国会休会中の期間を除いて 30 日以内に議決しないときは，衆議院の議決を国会の議決とするとされています（60条2項）（**表 12-2**）。

(4) 国会の活動

　国会は，常時，活動能力を有するものとはされておらず，一定の限られた期間（会期中）のみ活動能力を有することとされています。これを会期制といいます。各会期ごとに活動能力を有するため（会期独立の原則），会期中に議決に至らなかった議案は，原則として，次の会期に継続せず廃案となります（会期不継続の原則）。
　国会の会期には，次のものがあります。

①**常会**　　毎年1回定期に召集される国会をいいます（日本国憲法52条）。常会は，毎年，1月中に召集するのを常例（慣例）とします（国会法2条）。

②**臨時会**　　臨時の必要に応じて招集される国会をいいます。臨時会は，内閣が必要とするとき，又はいずれかの議院の総議員の4分の1以上の要求があるときに，召集されます（日本国憲法53条）。

③**特別会**　　衆議院が解散され総選挙が行われた後に，召集される国会です。衆議院が解散されたとき，総選挙の選挙の日から 30 日以内に，国会を召集しなければなりません（日本国憲法54条1項）。

④**参議院の緊急集会**　　衆議院が解散されたときは，参議院は同時に閉会となりますが（日本国憲法54条2項本文），内閣は，国に緊急の必要があるときは，参議

院の緊急集会を求めることができます（同項ただし書）。

　緊急集会において採られた措置は，臨時のもので，次の国会開会の後10日以内に衆議院の同意がない場合には，その措置は効力を失うことになります（同条3項）。

(5) 国会の権能
日本国憲法において，国会の権能として，次の事項が規定されています。

①**憲法改正の発議権**　　憲法の改正は，各議院の総議員の3分の2以上の賛成で，国会が発議し，国民に提案して過半数の賛成での承認を経なければなりません（日本国憲法96条）。

②**法律の議決権**　　法律案は，憲法に特別の定のある場合を除いては，両議院で可決したとき法律となります（日本国憲法59条1項）。

③**内閣総理大臣の指名権**　　内閣総理大臣は，国会議員の中から国会の議決で指名します（日本国憲法67条前段）。この指名は，他のすべての案件に先だって，これを行うこととされています（同条後段）。

④**弾劾裁判所の設置権**　　裁判官は，裁判により心身の故障のために職務を執ることができないと決定された場合を除いては，公の弾劾によらなければ罷免されません（日本国憲法78条前段）。国会は，罷免の訴追を受けた裁判官を裁判するため，両議院の議員で組織する弾劾裁判所を設けることとされています（日本国憲法64条1項）。

⑤**財政監督権**　　日本国憲法83条は，国の財政を処理する権限は，国会の議決に基いて，これを行使しなければならないと規定しています。これは，国の財政を国民の代表機関である国会の統制下に置くという財政立憲主義を規定しているものです。

⑥**条約承認権**　　条約締結は，内閣の事務とされていますが，事前に，時宜によっては事後に，国会の承認を経ることを必要とするとされています（日本国憲法73

条 3 号）。これは，条約が国家の命運や国民の権利・義務に直接関係することから，条約締結に関しては国会の統制の下で行うこととしているのです。

⑦**国政調査権**　　国政調査権とは，各議院が，法律の制定や予算の議決等，憲法上の権限はもとより，広く国政，特に行政に対する監督・統制の権限を実質的に行使するために必要な調査を行う権限をいいます。調査の方法としては，証人の出頭及び証言並びに記録の提出を要求できることとされています（日本国憲法 62条）。

3 内　　閣

(1) 内閣の位置付け

　日本国憲法では，権力分立の原理を背景として，内閣を行政権の主体としています（65 条）。立法権に関する 41 条と司法権に関する 76 条とともに三権分立を規定しています。

　内閣に帰属することとされている行政権とはどのような内容であるかについて，従来は控除説と積極説とが主張されていました。

　控除説は，行政権とはすべての国家作用のうちから立法作用と司法作用を除いた残りの作用であるとします。「国家作用の分化の過程を歴史的にみると，包括的な支配権のうちから，立法権と執行権がまず分化し，その執行権の内部で，行政・司法が分けられた。控除説は，このような沿革に適合し，さまざまな行政活動を包括的にとらえることができる」とされています[2]。一方，積極説は，法の下に法の規制を受けながら，現実具体的に国家目的の積極的実現を目指して行われる全体として統一性を持った継続的な形成的活動等と定義します[3]。

　しかし，近年では，日本国憲法 65 条における「行政権」を法律の執行としてとらえようとする法律執行説と，執政権としてとらえようとする執政権説とが対立しています。

　法律執行説は，行政権の本質は法律の執行であると理解します。この説の論者である高橋和之は，「内閣は自己の政策をもち，その実現に必要な法律案を国会

---

(2)　芦部信喜『憲法（第 8 版）』（岩波書店，2023 年）348 頁。
(3)　田中二郎『新版行政法（上）（全訂第 2 版）』（弘文堂，1974 年）。

第 12 章　統治機構　　173

表 12-3　議院内閣制と大統領制

	議院内閣制	大統領制
首長の選出方法	議会により選出	国民の直接選挙
議会との関係	①首長と内閣は議会の信任に依拠し議会に対し連帯責任を負う。 ②解散制度がある。 ③大臣は，議会に出席し発言する権利・義務がある。 ④大臣は，議員を兼ねることができる。	①大統領府は議会から独立し，議会による不信任制度がない。 ②解散制度がない。 ③大臣（長官）は，議会での出席発言権がない。 ④大臣（長官）は，議員を兼ねることができない。
政府の形態	集団的・合議体的政府	1人政府 大統領内閣は助言者ないし助言者に過ぎない。
権力分立との関係	緩やかな分離	厳格な分離

に提出し，法律制定を獲得して政策を遂行して行くことが期待されているが，その政策遂行が，法的には法律の執行という形態をとって現れる」としています[4]。

　一方，執政権説は，従来の控除説が行政として理解していた事項は，内閣ではなく，各省庁等の行政各部の権限であり，内閣は，選挙により獲得した正当性を基礎に，外交を含めた国の総合的・全体的な政策を策定し実施する役割を担うと考えます。このような機能は執政といわれ，内閣に帰属する行政権は，このような執政権であると理解します[5]。

(2) 議院内閣制

　行政権の担い手が，議会とどのような関係に置かれているかについて，イギリス等が採用する議院内閣制とアメリカ等が採用する大統領制とがあります。詳細については，各国の制度によって，異なりますが，一般的な特徴は**表 12-3**のとおりです。日本国憲法は，議院内閣制を採用しています。

　わが国が採用している議院内閣制の本質については，責任本質説と均衡本質説の二つの説があります。

　責任本質説は，民主主義を重視する考え方で，議院内閣制は内閣の存立が議会

---

(4)　高橋和之『立憲主義と日本国憲法（第5版）』（有斐閣，2020年）353頁。
(5)　渡辺康行ほか『憲法Ⅱ　総論・統治』（日本評論社，2020年）115頁。

の信任に依存している点に本質があると考えます。内閣の議会に対する連帯責任を通じての，行政に対する民主的コントロールをもって議院内閣制の本質とするものです。そのため，内閣が議会の解散権を有することは議院内閣制の本質的要素ではないとします。一方，均衡本質説は，権力分立制を重視し，議会（立法）と内閣（行政）の権力の対等関係を確保することにその本質があると考えます。そのため，内閣に議会解散権が認められなければならないとします。

(3) 内閣の組織

　内閣は，国会の指名に基づいて任命された首長たる内閣総理大臣及び内閣総理大臣により任命された国務大臣 14 名以内をもって組織する合議制の機関です（内閣法 2 条）。ただし，国務大臣については，特別に必要がある場合においては 17 人以内とすることができるとされています（同条 2 項但書）。また，内閣総理大臣及び国務大臣は，文民でなければなりません（日本国憲法 66 条 2 項）。この「文民」の意味については，現在及び過去において職業軍人でない者（現役の自衛官も含む）を意味するとする説が有力です。

　なお，合議制機関として内閣の一体的活動を確保するとともに，検察機関による不当な訴追を防ぐため，国務大臣は，在任中，内閣総理大臣の同意がなければ，訴追されないとされています（日本国憲法 75 条）。

(4) 内閣総理大臣

①地位　　内閣総理大臣は，「内閣の首長」として（日本国憲法 66 条 1 項），内閣を代表する地位にあると同時に，国務大臣の任免権を通じて，内閣全体の統一性及び一体性を確保する役割を有しています。

②権限　　日本国憲法において，内閣総理大臣の権限としては，以下のものが規定されています。

❶国務大臣の任免権（68 条）
　　内閣総理大臣は，国務大臣を任命します（日本国憲法 68 条 1 項）。ただし，その過半数は，国会議員の中から選ばれなければなりません。内閣総理大臣は，任意に国務大臣を罷免することもできます（同条 2 項）。
❷内閣代表権（72 条）

❸議案提出権（同条）
❹一般国務及び外交関係の国会報告権（同条）
❺行政各部に対する指揮監督権（同条）

　なお，法律及び政令については，主任の国務大臣が署名し，内閣総理大臣が連署する（74条）とされていますが，この規定は，内閣総理大臣等の権限ではなく義務であると解されています。

(5) 内閣の活動と権能

①**内閣の活動**　　日本国憲法は，内閣の活動について，何も定めていません。内閣法において，内閣がその職権を行うのは，閣議によること（4条1項），及び閣議は，内閣総理大臣がこれを主宰する（同条2項）ことが規定されています。

　なお，閣議は，慣例上，非公開とされ，その決定は，全員一致で行われています。また，実際に集まらずに，文書を各大臣に持ち回って署名を得る「持ち回り閣議」も認められると解されています。

②**内閣の所掌事務**　　内閣は，主に次のような事務を所掌しています。

　❶**一般行政事務に関する権限**　　日本国憲法73条は，「他の一般行政事務の外」に次の事務につき権限を有するとしています。

・法律を誠実に執行し，国務を総理すること。
・外交関係を処理すること。
・条約を締結すること。
・官吏に関する事務を掌理すること。
・予算を作成して国会に提出すること。
・この憲法及び法律の規定を実施するために，政令を制定すること。
・大赦，特赦，減刑，刑の執行の免除及び復権を決定すること。

　❷**天皇の国事行為についての助言と承認権**　　日本国憲法3条は，天皇の国事行為については内閣の助言と承認を必要とし，内閣が，その責任を負うと規定しています。このように内閣の助言と承認を必要としたのは，天皇に一切の判断権を与えずに助言と承認どおりに行うことを求めたものです。そのため，その行為

の結果については内閣が責任を負うとともに，天皇は責任を負いません。

　なお，日本国憲法7条は，次の行為を天皇の国事行為として規定しています。

一　憲法改正，法律，政令及び条約を公布すること。
二　国会を召集すること。
三　衆議院を解散すること。
四　国会議員の総選挙の施行を公示すること。
五　国務大臣及び法律の定めるその他の官吏の任免並びに全権委任状及び大使
　　及び公使の信任状を認証すること。
六　大赦，特赦，減刑，刑の執行の免除及び復権を認証すること。
七　栄典を授与すること。
八　批准書及び法律の定めるその他の外交文書を認証すること。
九　外国の大使及び公使を接受すること。
十　儀式を行ふこと。

　❸**国会との関係における権限**　　内閣は，国会に関して次のような事務を担当
することとされています。なお，衆議院解散については，日本国憲法7条におい
て天皇の国事行為として規定されていますが，内閣は助言と承認を通じて実質的
決定権を有すると解されています。

　・国会の臨時会の召集（53条）
　・参議院緊急集会の請求（54条2項）
　・決算審査・財政状況の報告（90条1項・91条）
　・予備費を支出し，事後に国会の承認を求めること（87条）

　❹**裁判所との関係における権限**　　内閣は，裁判所に関しては，以下の権限を
有します。

　・最高裁判所長官の指名（6条2項）
　・最高裁判所の長たる裁判官以外の裁判官の任命（79条1項・80条）

4 司 法 権

(1) 裁判所の地位と性格

日本国憲法76条は，すべて司法権は，最高裁判所及び法律の定めるところにより設置する下級裁判所に属すると規定しています。なお，司法とは，具体的な争訟について，法を適用し，宣言することによって，これを裁定する国家の作用だと解されています[6]。

(2) 裁判所の権限

①法律上の争訟　　裁判所法3条1項は「裁判所は，日本国憲法に特別の定めのある場合を除いて一切の法律上の争訟を裁判し，その他法律において特に定める権限を有する」と規定しています。この「法律上の争訟」は，前述の司法の定義における「具体的な争訟」と同様の意味です。この点について，判例は[7]，「当事者間の具体的な権利義務ないし法律関係の存否に関する紛争であつて，かつ，それが法令の適用により終局的に解決することができるものに限られる」としています。

なお，具体的事件性を前提とせずに出訴する例外的制度 (客観訴訟) も法律により認められています。

(3) 裁判所の組織

①三審制　　裁判所は，最高裁判所と下級裁判所 (高等裁判所，地方裁判所，家庭裁判所，簡易裁判所) で構成され，原則として三審制が採られています。これは，第一審，第二審 (控訴審)，第三審 (上告審) という三つの裁判所を設けることで，原則3回まで審理を受けることができるものです。

②下級裁判所　　通常の事件で第一審となるのは，簡易裁判所，地方裁判所及び家庭裁判所の3種類の裁判所です。

簡易裁判所は，訴額が140万円以下の民事事件，罰金以下の刑に当たる罪や罰

---

(6)　芦部信喜『憲法 (第8版)』(岩波書店，2023年) 361頁。
(7)　板まんだら事件判決 (最判昭和56年4月7日民集第35巻3号443頁)。

金を選択することができる刑事事件などを担当します（裁判所法33条1項）。全国で438か所，置かれています。

　地方裁判所は，簡易裁判所が第一審とされていない，比較的重大な民事事件，刑事事件の第一審を担当します。また，簡易裁判所が第一審であった民事事件の控訴を担当します（裁判所法24条）。地方裁判所は，北海道に4か所，その他の都府県に各1か所の合計50か所に置かれています。また，地方裁判所の支部は，全国に203か所あります。

　地方裁判所の審理は，単独の裁判官による場合（単独審）と3名の合議体による場合（合議審）とがあります。①合議体で審理・裁判する旨の決定を合議体でした場合，②死刑又は無期若しくは短期1年以上の懲役若しくは禁錮に当たる罪の刑事事件，③簡易裁判所の判決に対する控訴事件，簡易裁判所の決定・命令に対する抗告事件，④他の法律において，合議体で審理・裁判するべきものと定められた事件は合議審によることになります（裁判所法26条）。

　家庭裁判所は，家庭内の紛争や少年事件という一般民事紛争や成人の刑事事件と異なる配慮を必要とする事件の処理のために置かれています。家庭裁判所の主な担任事件は，①家庭に関する審判と調停，②身分関係の形成又は存否の確認を目的とする訴えに関する訴訟（人事訴訟といいます），③少年の保護に関する審判です（裁判所法31条の3項）。家庭裁判所は，地方裁判所と同様に本庁が50か所，支部が203か所，それぞれ置かれています。さらに，77か所の出張所が設けられています。

　高等裁判所は，東京，大阪，名古屋，広島，福岡，仙台，札幌，高松の8か所に置かれています。その基本的な権限は，①地方裁判所の第一審判決，家庭裁判所の判決，簡易裁判所の刑事に関する判決に対する控訴，②地方裁判所，家庭裁判所の決定・命令に対する抗告，簡易裁判所の刑事に関する決定・命令に対する抗告，③刑事除く地方裁判所の第二審判決と簡易裁判所の判決に対する上告，などの審理です（裁判所法16条）。その他内乱関係の罪に関する訴訟や独占禁止に関する訴訟の第一審をはじめとして，他の法律によって高等裁判所の権限と定められたものもあります（裁判所法17条）（**表12-4**）。

③最高裁判所

　❶権限　　最高裁判所は，①上告及び②訴訟法において特に定める抗告について裁判権を有します（裁判所法7条）。

表 12-4　裁判所の職分管轄

区　分	第一審裁判所	控訴審裁判所	上告審裁判所
刑事事件	地方裁判所 家庭裁判所 簡易裁判所	高等裁判所	最高裁判所
民事事件	地方裁判所	高等裁判所	最高裁判所
	簡易裁判所	地方裁判所	高等裁判所

　民事事件の基本的な上告理由は，①元の判決（原判決）に憲法解釈の誤りその他憲法違反があったこと，②法律に従って判決裁判所が構成されていなかったこと，③判決に関与できない裁判官が判決に関与したことなど重大な手続上の瑕疵があったことです（民事訴訟法 312 条 1，2 項）。

　刑事事件の基本的な上告理由は，①原判決に憲法違反又は憲法解釈の誤りがあること，②最高裁判例に相反する判断をしたことです（刑事訴訟法 405 条）。また，これらの上告理由がない場合でも，判決に影響を及ぼす法令違反，著しく不当な刑の量定，判決に影響を及ぼすべき重大な事実誤認，再審請求できる事由，判決後の刑の廃止・変更や大赦などがあった場合で，原判決を破棄しなければ著しく正義に反すると認めるときは，最高裁は職権で原判決を破棄することができます（刑事訴訟法 411 条）。

　❷構成　　最高裁判所は，長官及び 14 人の裁判官で構成されています（日本国憲法 79 条，裁判所法 5 条 3 項）。長官は，内閣の指名に基いて，天皇が任命し（日本国憲法 6 条 1 項），その他の裁判官は，内閣が任命します（日本国憲法 79 条 1 項）。

　最高裁判所の長官及び 14 人の裁判官は，通常の三つの小法廷に 5 人ずつ分かれて審理に当たりますが，①当事者の主張に基いて，法律，命令，規則又は処分が憲法に適合するかしないかを判断するとき，②それ以外の場合で，法律，命令，規則又は処分が憲法に適合しないと認めるとき，③憲法その他の法令の解釈適用について，意見が最高裁判所の判例に反する判断をするときには，15 人全員で構成する大法廷で裁判を行います（裁判所法 10 条）。

　❸最高裁判所裁判官の国民審査　　最高裁判所裁判官は，任命後初めて行われる衆議院議員総選挙の際，国民の審査に付され，その後 10 年を経過するごとに同様に国民審査に付されます（日本国憲法 79 条 2 項）。そして，投票者の多数が裁判官の罷免を可とするときは，その裁判官は，罷免されます（同条 3 項）。この制

度は，裁判所に対して民主的コントロールを及ぼすための制度です。

●事実審と法律審

　裁判の審理方式には，事実審と法律審とがあります。事実審は，裁判の対象となっている事実の認定に関すること（事実問題）と法律の解釈適用に関すること（法律問題）とを，あわせて審理します。一方，法律審は，事実審の裁判について事後的にその法律問題だけを審理します。

　刑事裁判の場合，第一審は，事実審であり，控訴審は，原則として，法律審です。ただし，事実誤認と量刑不当を審理するときに限り，事実審としての審理を行います。上告審は，原則として，憲法違反，判例違反の有無を審議する法律審です。民事訴訟の場合は，第一審と控訴審は事実審で，上告審は法律審です。

(4) 司法権の独立

　司法権は非政治的権力であり，政治性の強い立法権・行政権から侵害される危険性が大きいといえます。そのため，裁判が公正に行われ，人権の保障が確保されるためには，司法権が，行政権をはじめ，いかなる外部からの圧力や干渉も受けずに，公正無私の立場で職責を果たすことが必要です。そのため司法権の独立が保障されています。

　司法権の独立には，①司法権が立法権，行政権から独立していること及び②裁判官が裁判をするに当たって独立して職権を行使することの二つの点が求められます。①に関して日本国憲法76条に，すべて司法権は，最高裁判所及び下級裁判所に属すると規定しています。

　司法権の独立において最も重要なのが，裁判官の職権の独立です。この点に関しては，日本国憲法76条3項は，「すべて裁判官は，その良心に従ひ独立してその職権を行ひ，この憲法及び法律にのみ拘束される」と規定しています。その他にも78条「裁判官は，裁判により，心身の故障のために職務を執ることができないと決定された場合を除いては，公の弾劾によらなければ罷免されない。裁判官の懲戒処分は，行政機関がこれを行ふことはできない」と規定し，裁判官の身分を保証しています。さらに，裁判官について，定期に相当額の報酬を受けること及び在任中報酬を減額することができないとして，報酬の面から裁判官の独立

を保障しています（79条6項，80条2項）。

(5) 違憲審査権

　日本国憲法81条は，「最高裁判所は，一切の法律，命令，規則又は処分が憲法に適合するかしないかを決定する権限を有する終審裁判所である」と規定し，裁判所の違憲審査制を保障しています。この違憲審査制とは，司法裁判所に違憲審査権を与え，憲法に違反する国家行為（法令・行政処分・判決など）を無効にする仕組みです。

　諸外国における違憲審査制については，司法裁判所型及び憲法裁判所型があります。

　司法裁判所型の違憲審査制については，通常の司法裁判所が，係属した具体的な訴訟事件の審理判断に付随して，事件解決のための前提として当該事件に適用される法令の合憲性を審査する制度をいいます。アメリカでは，この司法裁判所型が採られています。

　一方，憲法裁判所型は，司法裁判所を含む他の権力機関から独立し，憲法判断を行うために特別に設置された憲法裁判所が，具体的事件と関係なく，一般的かつ抽象的に法令そのものの合憲性を審査する型をいいます。ドイツは，このような制度が採られています。

　日本国憲法81条は，一般に，米国型の違憲審査制を採用したもので司法裁判所型であると解されています。また，裁判所においても，この理解を前提とした制度の運営がなされてきました。

あ と が き

　私は，大学卒業後，自治体職員として30数年間勤務してきました。その後，現在勤務する大学に移り，行政法や地方自治法の講義を担当してきました。昨年から，「法学・憲法入門」という科目も担当することになりました。いわゆる法学入門と憲法入門のような科目です。

　憲法については，行政法を研究する関係で，大学卒業後も様々な形で学んできました。しかし，法学入門については，私自身が大学で学んで以来40年以上ぶりに学びなおし，講義を行うことになりました。

　法学入門について学びなおしてみて，最も驚いたことは，その内容をほとんど覚えていた，あるいは理解できていたということです。その理由は，法学入門で学ぶ法律に関する基本的な知識について，暗記していたのではなく理解していたということだと思います。有名なエビングハウスの忘却曲線でも示されていますが，単に暗記した知識はすぐに忘れてしまうのに対して，理解した知識は容易に失われることはないということです。

　皆さんも法律を学ぶに当たって，暗記するのではなく，法律や制度の趣旨を理解していただきたいと思います。なぜその法律が制定されているのか，なぜそのような条文が設けられているのか，ということを考えることが，法律の理解につながります。また，このように「なぜ」と考えることが，法解釈においても重要な役割を果たします。

　本書の後半は，いわゆる憲法入門です。私は，行政法を主に研究してきましたが，憲法には以前から興味を持って学んできました。憲法は，おもしろいなと思っています。皆さんにも，本書を通じて，憲法のおもしろさを少しでも感じていただければ幸いです。

事 項 索 引

判 例 索 引

■著者紹介

松村　享（まつむら・すすむ）
名古屋学院大学法学部教授。
日本公法学会会員，日本地方自治学会会員，地方行政実
務学会会員。

同志社大学法学部法律学科卒業，三重県四日市市役所入
庁。総務部総務課長，総務部次長，総務部理事，会計管
理者を経て，2018年4月から名古屋学院大学法学部教授
として行政法，地方自治法等を担当している。また，市
町村職員中央研修所，全国市町村国際文化研修所，消防
大学校等において自治体職員向けの研修の講師を多数務
めている。

著書に『新版　地方公務員のための法律入門』（ナカニシ
ヤ出版，2022年），『自治体職員のための判例の読み方・
活かし方』（第一法規，2021年），『自治体職員のための
情報公開事務ハンドブック　改訂版』（第一法規，2021
年），『基礎から学ぶ　入門地方自治法』（ぎょうせい，2018
年）などがある。その他に論稿多数。

リーガル・マインドが身につく法学・憲法入門

2024年3月25日　　　　初版第1刷発行

著　　者　　松　村　　　享

発　行　者　　中　西　　　良

発行所　株式会社　ナカニシヤ出版

〒606-8161　京都市左京区一乗寺木ノ本町15
TEL（075）723-0111
FAX（075）723-0095
http://www.nakanishiya.co.jp/

© Susumu MATSUMURA 2024　装幀／白沢 正　印刷・製本／亜細亜印刷
＊乱丁本・落丁本はお取り替え致します。
ISBN978-4-7795-1780-8　Printed in japan